人間存在論叢書

ニヒリズムと無神論論争

Nihilismus und Atheismusstreit

Johann Gottlieb Fichte und Goichi Miyake

フィヒテと三宅剛一

玉田 龍太朗
Ryutaro Tamada

晃 洋 書 房

恩師に捧ぐ

緒　言

本書は『フィヒテのイェーナ期哲学の研究』（晃洋書房、二〇一四年）、『三木清とフィヒテ』（同、二〇一七年）に引き続いて上梓する、私自身三冊目となる学術書である。全七章からなる本書は、各章が既に『フィヒテ研究』（日本フィヒテ協会）、『比較思想研究』（比較思想学会）、『人間存在論』（京都大学大学院人間・環境学研究科『人間存在論』刊行会）、そして『哲学』（広島哲学会）の四つの学術誌に掲載された学術論文から構成されている。

私の哲学研究は大学院に進んで以来一貫してフィヒテ（一七六二―一八一四年）の衝動論を足掛かりにして自らの哲学的な関心について考察を広げ深めていくものであり、本書の前半部に当たる第一章から第三章までは、この観点からフィヒテのイェーナ期（一七九二―一七九九年）哲学に向けられた諸批判を吟味したものである。このフィヒテ哲学への批判の吟味は、私の博士学位論文である『フィヒテのイェーナ期哲学の研究』において検討が不十分であった課題の一つであり、特に第一章のヤコービ（一七四三―一八一九年）や第三章のシラー（一七五九―一八〇五年）との対決の検証については、博士課程在学中に取り組み切ることのできなかった課題として、大学院修了後ながく私の心を悩ましつづけていたものであった。第二章のエーベルハルト（一七三九―一八〇九年）からの批判へのフィヒテによる回答の吟味については、日本フィヒテ協会を通じて駒沢大学名誉教授の久保陽一先生から頂戴した同協会第三四回大会（於・香川大学、二〇一八年）における【テクスト研究】「フィヒテ『回想、応答、問題』（一七九九年）」の御依頼に微力ながらお応えしたものである。このフィヒテの草稿は初期のフィヒテ哲学が道徳と宗教の関係をどのように把握していたかを検証する上で重要なものであり、彼のいう Verbildungsglied の概念について姫路獨協大学名誉教授の岡田勝明先生から貴重な御教示をいただくことができた。同大会においては「フィヒテの『衝動』概念をめぐる問題状況」と題した【シンポジウム】も行われ、フィヒテの衝動論の孕む諸課題について見通しが立てられた。

この二〇一八年当時、私は前年三月に藤沢の辻堂において京都学派の代表的な哲学者の一人である三宅剛一（一八九五―一九八二年）の御子息で明治大学名誉教授の三宅正樹先生と直接お会いできる機会に恵まれており、この折に先生から頂戴した、私の研究上の知見から三宅剛一のフィヒテ研究の内容を検証するという課題に取り組んでいたところであった。三宅剛一の怜悧な分析の行間を埋めて概括することは、自分のこれまでのフィヒテの衝動論への理解を更に深めることにつながったのであるが、一つひとつ丁寧に検討しているうちに時間が飛ぶように過ぎていってしまい、本書の後半部に当たる第四章から第六章までの三本の論文として世に問うまでに六年の歳月を要してしまった。しかし結果として、同時期に刊行された同志社大学名誉教授の田端信廣先生による三冊の大著から学ばせていただいた多岐にわたる諸事実と相俟って、私はこの課題への取り組みによって大いに自らの哲学研究の視座を高め、また視界を広げることができた。

最後に本書の紙幅を補う第七章は広島哲学会からの機関紙『哲学』への寄稿依頼論文であり、内容的には三宅剛一のハイデッガー（一八八九―一九七六年）研究を参照しながら自分の卒業論文の後半部を大幅に書き直したものである。既に隈元忠敬（一九二五―二〇一八年）先生が御退官なさった後に広島大学に入学した私がフィヒテ哲学の研究に本格的に取り組み始めたのは実は京都大学大学院に進学後のことであり、広島大学卒業時に文学部に提出した拙論はハイデッガー哲学の研究に関するものであった。この卒業論文審査に当たってくださった西洋哲学研究室・古代哲学の西川亮（一九三一―一九九六年）先生、中世哲学の水田英實先生、そして近現代哲学の高柳央雄先生から公聴会の折に賜った御助言を思い出しつつ、三宅剛一の根源的洞察に沿って自分の若き日の考察を振り返ることは、自分に哲学研究を志した頃の熱き内なる衝動を再び呼び覚ます素晴らしい契機となった。今日の哲学者としての私があるのも、広島時代に学び培った平和希求の哲学のおかげである。衷心より感謝申し上げる。

令和五年一一月一八日　新神戸にて

玉田　龍太朗

目　次

凡例

一、フィヒテ、ヤコービ、シラー、ハイデッガー、そして三宅剛一のテキストからの引用については、各章ごとにその都度各章の「註」で示し、同一章内の前註との関係が明らかであるかぎりにおいて、再出の際にテキスト名を簡略なものにした。

一、著書名、講義題目、雑誌名およびこれに準ずるものは『　』で示した。

一、特に注意を要する語句には、訳語の後の（　）内に原語を付した。

一、読者の理解の一助として［　］内に説明の語句を付した箇所がある。

一、各章末の追記で謝意を表した研究者の職位は、初出論文執筆当時のものである。

第一章

なぜフィヒテのイェーナ期哲学はヤコービにニヒリズムとみなされたのか

序

ヤコービは一七九九年三月三～二一日に執筆（一〇月刊行）の『フィヒテ宛公開書簡』（以下、『フィヒテ書簡』）[1]において、フィヒテの知識学を「ニヒリズム（*Nihilismus*）」（GA III/3. 245）であると指摘し、知識学が絶対的自我を根本原理として一切を演繹的に導出しようとすることを批判した。ヤコービによると、フィヒテの知識学はそれ自身無根拠のままの自我以外に何ものをも実在性の根拠としてもたない「何ものをも意志しない意志（*Wille der nichts will*）」（GA III/3. 241）を基盤とするもので、それは絶対的実体から一切を説明しようとするスピノザの思想と何ら変わらないと理解されている。

ここでヤコービは批判の矛先を、フィヒテのいう「衝動（Trieb）」の概念に向けている。ヤコービは「自我性だけの純粋衝動（reiner Trieb *allein der Ichheit*）」（GA III/3. 243）が彼のイェーナ期哲学において主導的役割を果たしている概念であることを見て取り、衝動を有限な理性的存在者である人間の実践的な本質とみなす彼の立場を問題視する。そしてヤコービは、自らの『スピノザの教説について』（一七八五年、以下『スピノザ書簡』[2]）第二版（一七八九年）

の論考の一部を『フィヒテ書簡』に添付してフィヒテに送った。おそらくヤコービはフィヒテの『学者の使命に関する数回の講義』（一七九四年、以下『学者の使命』）[3]の講義内容などから、自らの思想に近いものが彼の『全知識学の基礎』（一七九四／九五年、以下『基礎』）[4]やイェーナ期の実践哲学である『道徳論の体系』（一七九八年、以下『道徳論』）[5]で展開されると期待したのであろうが、そこで説かれたのは努力的自我を基礎とした衝動を実践の本質とする考察であったため、ヤコービはその不満を『フィヒテ書簡』で表明したのである。

そこで本章では、このヤコービによるフィヒテの衝動の概念への批判を検証することを通して、彼のイェーナ期哲学の実践的な特性を明らかにしつつ、このイェーナ期の衝動の概念の問題点を考察したい。まず、ヤコービの『フィヒテ書簡』における知識学への批判の要点を整理し、それをもとにフィヒテの衝動の概念を検証する。つぎに、この衝動の意義を『学者の使命』や『基礎』の原理的な見地、そして『道徳論』との関連から明らかにし、さらにヤコービが『フィヒテ書簡』に添付した『スピノザ書簡』の衝動をめぐる論考を吟味する。

一　ヤコービの『フィヒテ書簡』におけるフィヒテ批判と衝動の問題

さて、ヤコービが知識学をニヒリズムと断じる根拠は次のとおりである。[6] すなわち彼によると、一切の真理の根拠を知識学のうちに取り込もうとするフィヒテ哲学は「自己自身のうちで、また自己自身によって成立する徹頭徹尾純粋な哲学」（GA III/3. 226）を立てることを目指すものである。これに反して、ヤコービは一切の真理の根拠を「真なるものそれ自体（das *Wahre selbst*）」（GA III, 3. 231）と呼び、その学の外に見ざるを得ないとする。ヤコービは知識学をスピノザの実体の体系の代わりに「哲学的な立方体（philosophischer Cubus）」（GA III/3. 227）[7]を自我の体系として立て、そこから一切を導出しようとする「内在的（*immanent*）」な「一個の塊から（aus *Einem Stück*）」なる哲学（GA

III/3. 233）と見なして、このフィヒテの純粋哲学は自分以外の一切を無と化すものであるという。そこではわれわれは何らかの「存在者（Wesen）」を認識し、われわれによって把握された対象にするために、客観的にそれ自身で存立している存在者を「思想（Gedanke）」のなかで「廃棄し（aufheben）」て「無化する（vernichten）」ことで、それを主観的な「単なる図式（*ein bloßes Schema*）」にせねばならず、そのために人間精神は存在者としての自分自身を無と化して自分自身をも「概念（*Begriff*）」のうちに生じさせる必要がある。ところが、これは「無からの、無へと向かう、無を目指した、無のなかに入りゆく（*aus* Nichts, *zu* Nichts, *für* Nichts, *in* Nichts）」純粋な概念にすぎず（GA III/3. 234）、ここで人間精神は反省と捨象によって遂行される「一切の存在者を知識へと解体する行為（eine Handlung des Auflösens alles *Wesens* in *Wißen*）」を通して、無化しながら創造するものである。[8]「自我以外はすべて無（*Nichts=Außer=Ich*）」（GA III/3. 235）であるとすると、結局フィヒテ哲学は自由な「生産的構想力（productive Einbildungskraft）」（GA III/3. 234）を除き一切が無だとみなすものなのであって、このような観念論は単なる構想力の所産にすぎないものを自立的な実在性をもつ存在者だと誤解するものなのである。

それでは、ヤコービの立場は一体どのようなものなのか。彼によると、理性とは「真なるものを前提する能力」のことで、これは知識以前に知識の外にあるものである。人間精神には「真なるものの予感（*Ahndung* des Wahren）」が与えられているにすぎず、「真なるものの学の能力（das Vermögen einer *Wißenschaft* des Wahren）」が与えられているのではない（GA III/3. 239）。理性とはこの「概念においては不可能なもの（das im Begriff *Unmögliche*）」を「愛から、愛を通して（aus Liebe, durch Liebe）」「信じる（glauben）」ようにと教示するものである（GA III/3. 241）。こうしてヤコービは知識学を「無についての哲学的知識（philosophisches *Wissen des Nichts*）」を追い求めるにすぎないものとみなし、これに代わる自分の立場を「非＝知の哲学（Philosophie des Nicht=Wißens）」だとして（GA III/3. 245）、「人間の心情（das *Herz des Menschen*）」（GA III/3. 242）を重視し、真なるものを予感や信仰のうちにとどめおく立場をとる。

ヤコービは人間が自らを自己自身のうちでだけ基礎づけようとする場合、「神は私の外で存在する、生き生きとした、自立して存立する存在者」であるか、「自我が神」であるかのいずれかの場合だけしかなく、「第三のものはない」という（GA III/3. 251）。実際ヤコービの『フィヒテ書簡』の前置きによると、「学には届きえない真なるものの場所」を侵し「この場所を学の領域のなかへ取り込もう」とするフィヒテの哲学は、「自然的信仰（*natürlicher Glaube*）」を斥け「単なる人為的信仰（ein *nur künftlicher* Glaube）」を説くにすぎないもの（GA III/3. 225）とみなされており、この意味でフィヒテの立場は「自己神格化（*Selbstgötterey*）」（GA III/3. 251）の見地だとみなされるのである。こうして、知識学は真なるものへの愛や信仰を根絶やしにするものだと難詰するヤコービは「真理愛（Wahrheits=*Liebe*）」（GA III/3. 238）の立場を強調し、同様に真理愛の必要性を『知識学の概念について』[9]第七節の注記（SW I, 76 / GA I/2. 145）で説いたフィヒテのイェーナ期の思想展開に期待したものと考えられる。しかし、実際にフィヒテのイェーナ期哲学の中心に置かれたのは愛や心情の立場ではなく「事行（*Tathandlung*）」（SW I, 91 / GA I/2. 225）ないし絶対的自我の立場であり、実践的な見地からいうと自我の同一性を目指す努力的自我を基礎に置く衝動の立場であったので、ヤコービは「自我性だけの純粋衝動」に批判の焦点を当てたのである。

それでは、『フィヒテ書簡』でヤコービはフィヒテの衝動の概念をどう批判したのであろうか。ヤコービは自らの立場から、次のようにフィヒテの衝動を批判する。

「本当のところ自己自身を超えていくよう人間を高めるのはただ彼の心情だけなのであって、これが本来的な理念の能力、空虚ではない理念の能力なのだ。超越論的哲学は私にとってこの心情を胸から引き裂くべきではなく、そして自我性だけの純粋衝動をその代わりにあてがうべきではないのだ。私は、不遜にも単独で至福になろうとして、愛の依存性から自らを解放するなどということをしたりしない」（GA III/3. 243）。

ヤコービによると、愛や心情の立場に代わってフィヒテ哲学のなかに措定されていく衝動の概念は、内実のない単なる当為として空虚な理念にとどまっている。これは彼から見るとカントの道徳的見地と関連する問題である。すなわちヤコービは、「私にとっては、カントの道徳法則（das Kantische Sittengesetz）は、私たち自身と一致しようとの必然的な衝動（der rothwendige Trieb der Uebereinstimmung mit uns selbst）以外の何ものでも、つまり同一性の法則（das *Gesetz der Identität*）以外の何ものでもなかった」として、どうしてカントの定言命法のうちに「何か秘密に満ちたもの、把握されないもの」が見出され、また「こうした把握できないものでもって、理論理性の及ばない裂け目を埋めることを、実践理性の諸法則の実在性の条件とすること」が企図されていくのかが理解できないという。そして、この問題への関心から彼は『学者の使命』のフィヒテの見地にむしろ大いに期待していたことを表明する。

> 「哲学において、私は、自分自身、このこと以上に大きな憤りに直面したことはなかった。だから、『学者の使命』についてのあなたの著作が出版されたときの喜びをご想像あれ。その著作において私は最初の頁からして、こうしたテーマについての私の判断と極めて一致しているものを見出したのだ。だが、まさにこうした根拠から、これまでとは違い、それからは、私は、この同一性＝衝動（Identitäts=Trieb）を私の最高の本質にして、それだけを愛し賛嘆することなどできなかったのだ」（GA III/3. 244）。

フィヒテの衝動は知識学の基礎的レベルで登場する概念である一方で、それは彼のイェーナ期哲学の中で経験的レベルの概念としても多様に展開される場面があり、一見してさまざまなレベルで未整理のまま登場する概念である。それだけに、このようなフィヒテの自我の同一性と衝動とを結びつけて理解する観点は、もともとヤコービに衝動の概念の展開に注目する視点がなければ生じ得ないものだと考えられる。ここではヤコービ自身が特に『学者の使命』を明示しており、また衝動と自我の同一性の問題を見て取ることができるのは『基礎』よりもむしろこの

『学者の使命』においてであるので、彼が批判するフィヒテの衝動の概念の内実を検討するために、ここで『学者の使命』における衝動の概念を振り返ってみる必要がある。

二　フィヒテの『学者の使命』と『基礎』における衝動の問題

さて、『学者の使命』第一講においてフィヒテは人間の使命について論じるなかで、彼のイェーナ期哲学の人間精神の有限性の立場を明確にしている。すなわち、「純粋自我はネガティブに表象されうるだけである。すなわち、多様性を特性とする非我の反対として、したがって、完全な絶対的一様性として、である。純粋自我は常に唯一にして同一であって、決してこれ以外ではない」(SW VI. 296 / GA I/3. 29f.) と。この自我の同一性を目指すことが「あらゆる有限な理性的存在者の究極の使命 (die letzte Bestimmung aller endlichen vernünftigen Wesen)」だといわれ、「この絶対的同一性は純粋自我の形式であり、その唯一の真なる形式である」(SW VI. 297 / GA I/3. 30) とされて、それは人間精神には決して達成され得ないものだと強調される。彼によると「理性をもたないすべてのものを自己に服従させ」て、自由に「これを支配する」のは、たしかに「人間の最後の究極目標」であるかもしれないが、そのようなことは「人間が神となる」のでもなければ「全く到達されない」し「永遠に到達されないまま」である。彼は「それゆえに、この目標に到達することは人間の使命ではない」といい、すでに『学者の使命』の段階で自らの立場が後にヤコービが批判するような「自己神格化」のそれではないことを明確にしている。しかし彼は、有限な人間についても次のようにいうことはできるとする。

「しかし人間はこの目標にますます近づくことができるし、また近づくべきものである。かくてこの目標への限りなき接近（die *Annäherung ins unendliche zu diesem Ziele*）が人間としての、すなわち、理性的ではあるが有限な存在者、感性的ではあるが自由な存在者としての人間の真の使命である」（SW VI. 300 / GA I/3. 32）。

ここでフィヒテは、カントのいう「最高善（das höchste Gut）[10]」の概念を念頭に置いており、それを「人間の到達しがたい最高の目標」であるとしながらも「無限に完成していくことが人間の使命」であるとして、『学者の使命』第二講でこの自我の同一性をさらに衝動と関係づけていく。

「人間の最高の衝動は、先の講義によれば、自己自身との同一性、自己自身との完全な一致への衝動（der Trieb nach *Identität*. nach vollkommener Uebereinstimmung mit sich selbst）である、さらに、人間がたえず自己自身と一致しうるために、かれの外なるすべてのものと、これについてのかれの必然的概念とを一致させようとする衝動である。概念に対応する客観が実存するか実存しないかはどちらでもよいというふうに、単にかれの概念に矛盾がないというだけでなく、概念に対応するものが現実的にも与えられなくてはならない。かれの自我の中に存するあらゆる概念に対して、表現（Ausdruck）ないし対像（Gegenbild）が非我の中において与えられなければならない。人間の衝動はこのように規定されているのである」（SW VI. 304 / GA I/3. 35）。

こうしてフィヒテは『学者の使命』の段階で衝動に現実的な内実を求めているのだが、それではこの衝動への規定は『基礎』の展開のなかではどのような仕方で示されていくであろうか。『基礎』においては三つの根本命題が最初に呈示され、演繹的に自我が展開されて絶対的自我と理論的自我、そして実践的自我へと論及が進んでいく。知識学においては事行が哲学のはじめに立たなければならないが、事行は理論的自我ではない。というのも一方で理論的自我は反立的な非我との交互関係においてのみ可能であるので、そのかぎりで理論的自我は依存的にだけ存在するからだ。しかし他方で理論的自我は非我に対立しつつも、それが非我を克服するときには、非我とともに同時に自己を廃棄する。だが、自我は絶対的な自立性という自己の特性を廃棄することはできない。ただし自我はこの特性を認識活動において確証することはできないのだから、自我は表象の世界を改めて自分の世界として認識しようと努力する。しかしこのとき、自我は認識活動を行うだけでない。むしろ自我は実践的自我となるのであって、自我は非我を自己の形象にしたがって改めることで非我に対する自分の優位を表現するのである。したがって自我は認識されるべき非我を自己自身に依存させ、それによってこれを表象する自我を、自己自身を措定する自我と統一しようと努力するのであって、これが理性は実践的であるという言葉の意味である。したがって、純粋自我の中において理性は実践的なのではなく、理論的自我の中において実践的なのでもなく、理性は両者を合一しようと努力するかぎりにおいてのみ実践的なのである。こうして、この実践的な努力の概念は、『基礎』実践的部門で衝動の概念として規定されていく（SW I. 287 / GA I/2. 418）。ここで有限な理性的存在者である人間は非我からの障害を克服して自分との自己同一性を達成しようと努力する存在者であり、この努力という実践的自我への実在的な規定が衝動として現れている。実践的自我は理論的自我と絶対的自我とを媒介するものであり、自我の実践的努力とは自我におけるこの有限と無限とを媒介者として合一する働きであって、それは一方で感覚に連なりつつ、他方で理想に連なる概念となっている(11)。

ヤコービは『学者の使命』での人間精神の有限性の立場から、フィヒテの自我論や衝動論がどう展開するかに期待していたが、このようなイェーナ期のフィヒテ哲学にはヤコービが求めた愛や心情の立場が十分に見出されないのはたしかである。ヤコービが『基礎』実践的部門以降のフィヒテのイェーナ期哲学の著作・論文をどれほど読んでいたかについては議論があるところだが(12)、フィヒテの衝動の概念に焦点を当てた彼の批判を考慮すると、ヤコービがフィヒテのイェーナ期の実践哲学について認識を得ていないと考えるのは難しい。というのも長町氏も指摘するように[13]、フィヒテ自身が一八〇〇年一月八日のラインホルトへの書簡で「彼が私の道徳論を熱心に研究したことを私は知っている」（GA III/4. 180）といっているだけに、むしろイェーナ期フィヒテの衝動論が本格的に展開されている『道徳論』を中心にヤコービはフィヒテのイェーナ期後期哲学にも認識を得たうえでフィヒテの衝動の概念を批判していると考えるのが自然だからである。つづいて、この点について検討していく。

三　ヤコービとフィヒテの衝動における二重性の問題

ヤコービがフィヒテの知識学に満足しないのは、ヤコービが衝動に言及するときには、あらゆる存在者のうちに神的な意志を見て取り、そこに必然的な法則を了解する観点があるからである。この点について、改めてヤコービの『フィヒテ書簡』に目を向ける必要がある。ヤコービによると、「万有（das Weltall）が神でなくて、被造物（eine *Schöpfung*）である」とすると「いかなる存在者の根源的な方向も、神的な意志の表現に違いない」ので、この表現においては神の「法則を実現する力が必然的に付与されて」おり、この法則は「存在者そのものが現存在する条件（*die Bedingung des Daseyns des Wesens selbst*）」であり、「その根源的な衝動（sein *ursprünglicher Trieb*）」であるから、それは「自然法則と比較することは出来ない」といえる。しかし「どんな個別的な存在者であろうと自然に属すのであって、それゆえに、自然法則にも服属しているので、二重の方向を持っている」のはたしかであり、このうち「有限なものへの方向は感性的な衝動（der sinnliche Trieb）もしくは欲望の原理（das Prinzip der Begierde）」であり、「永遠なものへの方向は、知的な衝動（der intellectuelle Trieb）、すなわち純粋な愛の原理（das Prinzip reiner Liebe）」である（GA III/3. 273）。こうして欲望の原理と愛の原理という衝動のもつ二重性が、ヤコービのいう衝動の規定の特徴となっている[14]。

このような二重性を孕んだ衝動という在り方は、先に見たフィヒテの『基礎』の衝動にも『道徳論』のそれにも見て取ることができるものである。この点については、衝動を自己規定の原理と捉える次のヤコービの見地からも窺えるので、ヤコービの衝動の概念とフィヒテの『道徳論』のそれとをここで検証したい。

「時間において生きているものはすべて、その時間的な生を、内面的には単独で活動しつつも（*innerlich alleinthätig*）、結合（*Verknüpfung*）によって、はじめて生み出さなければならないものだ。それゆえ、生の形式や生への衝動（der *Trieb* zum Leben）、そして生そのものは、現実においてはただ一つである。私たちが根本衝動（*Grundtrieb*）と呼ぶ無制約な衝動の対象は、無媒介的に存在者の形式であり、その存在者の衝動もしくは活動的な能力こそ根本衝動である。現存在においてこうした形式を維持しつつ自らを表現することは、存在者の無制約的な目的であり、被造物におけるあらゆる自己規定の原理（das Prinzip aller Selbstbestimmung in der Kreatur）である」（GA III/3. 276）。

すなわち、ヤコービのいう衝動の概念は二重の側面を孕みつつも、現実には一つのものとして、すなわち根本衝動の概念として規定されていく。このような衝動への規定は、フィヒテの『道徳論』における衝動の概念への規定、すなわち「原衝動（Urtrieb）」（SW IV. 130 / GA I/5. 125）の概念にも見られる。すなわち彼は『道徳論』において衝動をやはり二つの側面から、すなわち「純粋衝動」と「自然衝動（natürlicher Trieb）」という二つの側面から考察する。ただし彼によると、超越論的観点からすればこの二者は一にして同じもの、すなわち原衝動として考察されねばならず、この原衝動こそが理性的存在者の本質を構成するものである。彼があえてこの原衝動を二つの側面から反省し分析するのは、衝動の概念を基盤として自らの道徳論を実質的なものとして確立するためであると考えられる。この意味で、彼のいう原衝動とは理想的自我と現実的自我との合致を目指す衝動であり、このような規定のもと『道徳論』において衝動は、「道徳的衝動（der sittliche Trieb）」（SW IV. 151/GA I/5. 141）として措定されるに至っている。[15]

しかし、それでは一体、ヤコービのいう衝動とフィヒテのそれとの違いはどこにあるのか。ヤコービは「自分のうちに注意を払ってみるだけでも分かるように、単に自分自身の自由な活動を意欲するだけの衝動などない」として、衝動の概念に次のような本質的な規定を加える。

「それ自体で真にして善なるものへ向かう理性的な本性の衝動は、現存在それ自体へ、完全な生へ、自己自身における生へと向けられている。衝動が必要とするのは自立である。自己充足、すなわち自由である！――ただしそれは、非常に曖昧な、曖昧な予感（*Ahndung*）のうちだけにしかない！」（GA III/3. 277）。

ここで、両者の基本的見地の相違に注意が必要である。瀬戸氏は、「ヤコービは学問の抽象的な知識は軽視し、成り立ちの点では神秘化する」と指摘する。[16] しかし、久保氏のいうように一方でフィヒテはヤコービ同様に「『知』の根底に『非知』の領域」があることを認めつつも、他方で彼の知識学に沿った仕方でこの「生」の領域を「思弁」のうちで「『一挙に』ではなく、『順々に』、再構成しようと」しており、やはりヤコービの信仰哲学とは異なった立場をとる。[17] 中川氏のいうように「理性の自立性を主張する知と愛の依存性を堅持する信仰との対立」が両者の基本的立場の相違として存していることを[18]考慮すると、それでは果たしてフィヒテにとって信仰の問題はどのようにとらえられることになるのか検証しなければならない。これについてイバルドは両者の基本的立場の相違点として、ヤコービとフィヒテの信仰の概念の違いを指摘し、ヤコービのそれは「表象された物と一致しようとする表象の直接的確信」にあるとし、フィヒテのそれは「人間の実践的本性の意識」にあるとしているので、[19] この信仰の問題については稿を改めて検討させていただきたい。

結　び

ヤコービは、『スピノザ書簡』において衝動の概念についてスピノザ哲学との関連からも言及している。すなわち、そこで彼は、意志を規定する体系を三つ、すなわち自由の体系と道徳的必然性の体系、そして宿命論の体系に分類し、この分類についてスピノザが自らの思想を語るという仕方で衝動について論及しており、こうしてヤコービがスピノザの思想を宿命論だと断じていくという体裁になっている。ヤコービがスピノザに語らせるところによると、「すべての事物はその存在を維持しようと努力する（streben）が、この努力（Streben）を私たちはその事物の自然（Natur）と呼ぶ[20]」のであって、この努力は「自然衝動」と呼ぶのが適切である。ヤコービは、この努力が感情を伴うときには「欲望（Begierde）」と呼ばれるとし、この欲求という「意識を伴った衝動から善悪の知識が生じる」と語らせている。こうして、ヤコービにおいて努力や衝動の概念はスピノザの思想と結びつけられる仕方で批判的に論及されるものでもある（JW IV. 1. 147ff. / PhB 517. S. 75f.）。それだけに『スピノザ書簡』でスピノザに努力や衝動について語らせるヤコービから見て、フィヒテの『基礎』や『道徳論』におけるそれらの概念もまた、スピノザ哲学と同様のものとしてヤコービに批判的に了解されるに十分な背景があったとも考えられる。

しかし、この点についてフィヒテは『基礎』冒頭の第一根本命題の提示段階ですでに次のように注意を促していた。すなわち、スピノザを「体系へ駆り立てたもの」は「人間的認識の最高の統一を与えようとする必然的努力」であるが、だからといってフィヒテの知識学はスピノザ哲学と同様とみなされるものではない。

「かれの最高の統一をわれわれは知識学において再び見出すであろう。しかし存在するものとしてではなく、むしろ、われわれが生み出すべきもの、しかし生み出すことのできないものとしてである。——私はもう少し注意しておこう。「自我はある」を踏み越えるときには、人は必然的にスピノザ主義に至らざるをえない。（中略）また、完全に徹底した体系は二つしかない。すなわち、この限界を認める批判的体系と、この限界を踏み越えるスピノザの体系とである」（SW I. 101 / GA I/2. 264）。

衝動の概念を巡るフィヒテとヤコービの関係から分かるのは、フィヒテが知識学の立場への誤解を危惧し、『基礎』冒頭で注意まで促した自らの哲学のもつ人間精神の有限性の立場について、結局は当時の読者に十分に了解されなかったという事態である。

イェーナ期フィヒテの衝動論は『あらゆる啓示批判の試み』（一七九二年）第二版（一七九三年）ですでに見られ、そのラインホルトの思想からの影響が指摘されている[21]。この衝動の概念に当時哲学的に重要な意義を与えたのはヤコービやラインホルトであったのはたしかであり、とりわけフィヒテはヤコービに対して自らの立場を説明していく上で、衝動の概念の果たす役割についてその有用性を認識しつづけていく[22]。それではフィヒテは衝動の概念のもつ可能性のうちに、いったい何を見出そうとしていたのか。この問題について考察するには、無神論論争を経て、フィヒテの前期思想から後期思想への転換点に位置づけられる一八〇〇年の著作『人間の使命』を執筆するに至ったフィヒテの思索の歩みを、信仰の問題との関連から「良心（Gewissen）」の概念とともに吟味する必要がある[23]。

註

フィヒテのテキストは、I. H. Fichte版全集およびアカデミー版全集を用い、引用頁数はそれぞれSW/GAの略号とともに本文中に記した。訳出に際しては、『フィヒテ全集』（哲書房）に所収の各訳文を参照した。ただし引用の訳文を行論上の都合から変更している部分があり、お許しいただきたい。これは、以下のヤコービからの引用についても同様である。

（1）この書簡はアカデミー版フィヒテ全集に収録されているので引用はここから行い、引用頁数はＧＡの略号とともに本文中に記した。Jacobi, F. H.: *im Druck veröffentlichter Brief von Friedrich Heinrich Jacobi an Fichte vom 3. -21. 3. 1799.* GA III/3. 224-281. 訳出に際しては、『フィヒテ全集』（哲書房）第一〇巻に所収の栗原隆・阿部ふく子訳を参照。

（2）Jacobi, F. H.: *Über die Lehre des Spinoza in Briefen an den Herrn Moses Mendelssohn.* 1785/1789. 引用は哲学文庫版（Philosophische Bibliothek. Bd. 517, 2000）から行い、引用頁数についてはヤコービ全集（*Friedrich Heinrich Jacobi's Werke.* Vierter Band. Erste Abteilung. 1819）の頁数にＪＷの略号を用い、これと併記する仕方で本文中に記した。訳出に際しては、『モルフォロギア――ゲーテと自然科学――』第二〇、二二―二七、二九―三四号（ゲーテ自然科学の集い、ナカニシヤ出版）、一九九八、二〇〇〇―〇五、二〇〇七―一二年に所収の田中光訳を参照。

（3）Fichte, J. G.: *Einige Vorlesungen über die Bestimmung des Gelehrten.* 1794. SW IV. 289-346/GA I/3. 23-68.

（4）Fichte, J. G.: *Grundlage der gesammten Wissenschaftslehre.* 1794/95. SW I. 83-328/GA I/2. 251-451.

（5）Fichte, J. G.: *Das System der Sittenlehre nach den Prinzipien der Wissenschaftslehre.* 1798. SW IV. 1-366/GA I/5. 1-317.

（6）ヤコービの『フィヒテ宛公開書簡』の内容を吟味するにあたっては、渡辺二郎「ヤコービのフィヒテ宛公開書簡」、『実存主義』第八〇号、一九七七年、二―一七頁を参照。この書簡のもつ哲学史的な意義については、ハマッハーの次の論文を参照。Hammacher, Klaus: *Jacobis Brief »An Fichte«* (*1799*). In: Jaeschke, Walter (ed.): *Transzendentalphilosophie und Spekulation: Der Streit um die Gestalt einer Ersten Philosophie* (*1799-1807*). 1993. S. 72-84（クラウス・ハマッハー（中島靖次訳）「ヤコービの「フィヒテ宛」書簡」、ヴァルター・イェシュケ編（高山守・藤田正勝監訳）『論争の哲学史』所収、理想社、二〇〇一年、一三五―一五八頁）。

（7）ツェラーは、この哲学的な立方体の比喩についてスピノザ哲学との対比から詳細な分析を加えて、スピノザを静的な存在概念ではなくむしろ努力や憧憬や衝動といったフィヒテの教説にみられる動的な考え方で捉えるものだとする。Zeller, Günter: *Fichte als Spinoza, Spinoza als Fichte. Jacobi über den Spinozismus der Wissenschaftslehre.* In: Jaeschke, Walter/Sandkaulen, Birgit (Hrsg.): *Ein Wendepunkt der geistigen Bildung der Zeit. Friedrich Heinrich Jacobi und die klassische deutsche Philosophie.* 2004. S. 47ff. 比喩を用いてフィヒテの知識学の特性を指摘するところに、ヤコービのフィヒテの知識学への批判の特徴があり、後の箇所では有名な「手編みの靴下」の比喩を提示してフィヒテの生産的構想力の批判を行っている（GA III/3. 236）。

（8）この箇所の理解については『スピノザ書簡』におけるヤコービの「スピノザの哲学が、これらすべての哲学者たちと違うところは、そして、彼の哲学の魂を形成しているのは、有名な原理「無からは無が生じ、無は無に帰する（gigni de nihilo nihil, in nihilum nil potest reverti)」が、彼の哲学においては極度に守られており、また遂行されているということである。」(JW IV, 1. 125f./PhB 517. S. 64) との指摘を踏まえる必要がある。

(9) Fichte, J. G.: *Über den Begriff der Wissenschaftslehre oder der sogenannten Philosophie*, 1794. SW I. 27-81/GA I/2. 107-172.

(10) Kant, I.: *Kritik der praktischen Vernunft*, 1788, *Kant's gesammelte Schriften* Bd. V. 108ff.

(11) 隈元忠敬『フィヒテ『全知識学の基礎』の研究』渓水社、一九八六年、二八七頁参照。

(12) Zeller, Günter: op. cit. S.39. ツェラーは、おそらくヤコービはフィヒテの『基礎』理論的部門(一七九四年)だけでフィヒテの哲学を評価しているのであって、彼は『基礎』実践的部門(一七九五年)にもそれ以降のフィヒテのイェーナ期後期哲学にも認識を得ていないのではないかと疑問視している。

(13) 長町裕司「神的なるものの在り処についての〈非知的〉な意識?——F. H. Jacobiの『フィヒテ宛書簡(Sendschreiben an Fichte, 3. Bis 21. März 1799)』、及びこの書簡へのJ. G. Fichteの応答を起点とする超越論的思索の発展路線を巡って——」、『フィヒテ研究』第一八号、晃洋書房、二〇一〇年、四八頁参照。

(14) 久保陽一『ドイツ観念論とは何か——カント、フィヒテ、ヘルダーリンを中心として——』筑摩書房、二〇一二年、一五二頁参照。

(15) 拙著『フィヒテのイェーナ期哲学の研究』晃洋書房、二〇一四年、七一—八五頁参照。

(16) 瀬戸一夫『無根拠への挑戦——フィヒテの自我哲学——』勁草書房、二〇〇一年、二六〇頁参照。

(17) 久保陽一「「すべての実在性の根拠」としての「感情」——フィヒテにおけるカントとヤコービの総合——」、『フィヒテ研究』第一三号、晃洋書房、二〇〇五年、一五頁参照。

(18) 中川明才「無神論論争期における超越論哲学と宗教」、『フィヒテ研究』第一五号、晃洋書房、二〇〇七年、七三頁参照。

(19) Ivaldo, Marco: *Wissen und Leben. Vergewisserungen Fichtes im Anschluss an Jacobi*, In: Jaeschke, Walter/Sandkaulen, Birgit (Hrsg.): *op. cit.*, S. 63.

(20)『スピノザ書簡』のこの箇所は、仏語に独語の対訳を併記する仕方でヤコービによる叙述が進んでいるところである。哲学文庫版は独語だけであるので、ヤコービ全集を参照すると、ここでヤコービは仏語の„tendance"(傾向)の訳語として、独語の„Streben"(努力)を用いていることが分かる。(Vgl. JW IV/1. 148)

(21) Fichte, J. G.: *Versuch einer Kritik aller Offenbarung*. 1792. SW V. 9-174/GA I. 1. 1-162. 田端信廣『ラインホルト哲学研究序説』萌書房、二〇一五年、三五七—三六三頁および三九〇—三九三頁参照。

（22）アカデミー版全集所収一七九九年の遺稿「フィヒテのヤコービへの書簡（*Fichte an Jacobi*）」（GA II/5. 194-195）による。「生と哲学の間での厳密な区別。／その場合、衝動もその役割を演じることになる、と私は考える。そのことをかつて私は忘れてしまっていたように思われる。それは愛なのであろうが、しかし超越論的観点に対する反感を生みだした、ヤコービの問題にみられる愛の愛ではない。――生の超越論主義といったものが、ヤコービには存する」（GA II/5. 195）。長町裕司、前掲論文、三九頁参照。

（23）Fichte, J. G.: *Die Bestimmung des Menschen*, 1800. SW II, 165-320 / GA I/6. 145-312. 美濃部仁「実在性の拠り所としての良心と良心を超える立場――一八〇〇年前後のフィヒテ――」『理想』第六九七号、理想社、二〇一六年、五五―六七頁参照。

第二章

なぜフィヒテは無神論論争期に宗教的国民教育の着想に至ったのか

序

フィヒテの「回想、応答、問題」（一七九九年、以下「回想」）[1]は、一七九九年三月から四月前後にかけて執筆された草稿である。無神論論争の渦中にあった彼がヤコービとの『フィヒテ宛公開書簡』（一七九九年三月、一〇月刊行）[2]のやり取りと同時期に執筆している「回想」は、ヤコービや論敵として意識されているエーベルハルトからの批判への彼の応答を見て取る意味で重要である。[3]『全知識学の基礎』（一七九四／九五年）[4]で知識学の見地を明確にした彼は、「神の世界統治に対する我々の信仰の根拠について」（一七九八年、以下「根拠」）[5]でフォアベルク（一七七〇〜一八四八年）の「宗教の概念の発展」（一七九八年）[6]の立場に理解を示しつつも、知識学の原理に即して宗教哲学を基礎づけようと試みたが、結果的に無神論との批判を浴びたため、「無神論的言明に関して公衆に訴える」（一七九九年一月、以下「訴え」）[7]に加えて、さらに自らの考えを人々に説明しようとの意図から「回想」を準備していたと考えられる。

一　超越論哲学の道徳主義とその宗教哲学への展開

「回想」冒頭でフィヒテはルターの讃美歌を引き[8]、執筆動機を論争の「争点を明確にするための論考」（GA II/5. 103）として、無神論者のレッテルや「根拠」だけからの批判や中傷に不満を表明する（GA II/5. 104）。彼はまず超越論的観念論と道徳主義について「宣言」（Declaration）（GA II/5. 107）して、超越論的観念論の体系こそ真理との確信をもつよう論争者に求め、まともに「批判できない者」（Akritiker）は体系の原理を理解せねばならず、その際にだけ体系の「帰結」（Folgerung）を問題にして論争できる（GA II/5. 108）とする[9]。つづいてフィヒテは、「回想」（*Rückerinnerungen*）に入り、批判者は超越論哲学の真の本質の「知見」（Kenntnisse）を持ち合わせていないとする（GA II/5. 110）。「思考」（Denken）には二つの異なる立場があって、一つは人が「直接的に客観を考える」自然的で日常的な立場、日常的な生と学問とが繋がる立場であり、もう一つは「自分の思考自身を考える」意図的で意識的な立場、超越論哲学の立場である。この立場においてあらゆる知の理論が成立するが、それ自体は「実的で客観的な知」（ein reeles, u. objectives Wissen）ではない。エーベルハルトによる批判[10]は前者からのものであるが、超越論哲学は「内的知覚や外的知覚に基づかないもの」を実的とみなさず（GA II/5. 114）、「日常的でもっぱら実的な思考自身を拡張しよう」とはしない。「我々は、哲学的思考において客観的思考を考えている。我々の哲学的思考は何も意味しないが、ただこの哲学的思考において考えられる思考だけが何かを意味して内容をもつ」（GA II/5. 115）。この意味で哲学的思考は「道具」（Instrument）に過ぎず、フィヒテはこれを「生きた身体」（der lebendige Körper）を例に説明する。「生命を与えるのは自然（Natur）だけであり人為（Kunst）ではない」ので、我々の語る「片割れ」（Pendant）は生きた身体ではなくそのモデルに過ぎず、「我々が再現する（nachbilden）生きた身体とは日常的で実的な意識である。

その諸部分を次第に次第に組み立てることが我々の演繹（Deduction）であり、この演繹はただ一歩一歩（nur Schritt vor Schritt）進行しうるに過ぎない」（GA II/5. 117）。演繹の進行は実的なもの自体にどれだけ接近しても「その思考は私たちの哲学において現れるかぎり」は「叙述」（Darstellung）、「実的思考の記述」（Beschreibung des reellen Denkens）に過ぎない。彼の立場の基礎には「生」（Leben）と「思弁」（Speculation）を区別し、思弁は生を認識する手段に過ぎないとの観点がある。彼は「回想」でこの区別を強調し、「人は自分自身から抜け出し、自分自身であることを止め、自分の外の立場に身を置かねばならない」（GA II/5. 119）という。この「脱出」（Herausgehen）が思弁であり、両者を区別した対立する立場が存在するかぎりでだけ「人間は自分自身を認識することができる」。「人は思弁なしには生を認識することができない」（GA II/5. 120）が、哲学は「それ自身で完結している」ので、生の原理である「感覚」（Empfindung）を与えられない。そして哲学は「知識学」（Wissenschaftslehre）に過ぎず「知恵の学び舎」（WeisheitsSchule）ではないと役割を限定される。「哲学は、精神の陶冶（Geistes-Bildung）の一つの可能的な分野ということで十分であろう。（中略）哲学は人間に可能的に存在するということで十分であろう」（GA II/5. 122 Anm.）。哲学の知見が生の知見と結びつけられるかぎりで、哲学は「直接的に実践的で教育的なもの」のためにあり、「理論哲学、感覚世界の認識、自然科学」にとって「統制的」（regulativ）（GA II/5. 123）である。宗教教説の理論に過ぎない宗教哲学の目的も「教育的」であり、「どのように人間の心の内に宗教的心情（der religiöse Sinn）が生み出され形成され強化されるか、またどのように人間性が宗教的心情に陶冶されるべきかを示さねばならない」（GA II/5. 124）とされる[11]。「根拠」の冒頭にも、「回想」の「哲学はどこから宗教的心情が人間のもとに生じてくるかという原因問題（CausalFrage）にだけ答えねばならない」（GA II/5. 125）[12]との言葉があり、彼は自らの宗教哲学について未だ「単にその礎石を置いたに過ぎない」（GA II/5. 126）とする。

二　超越論哲学における実在性の問題とキリスト教との区別の問題

　さて「現実的で日常的な知を体系的に提示する使命（Bestimmung）」をもつ超越論哲学は、「何かの実在性を証示するために、理性体系の連関に即して知覚を示すべきである」（GA II/5, 127）が、通俗哲学と「別の世界に存在する」彼の宗教哲学は「思考様式」（Denkart）が異なり、宗教の起源を感覚の内にみるが、通俗哲学ではそれが理屈づけられている。演繹に通常関わらない「神学」（*Theologie*）の大部分も、一つの知見であるとは認められるが放擲される。宗教哲学も生における人間の宗教的心情と争うはずがないが、「未だ完全に体系的に引き出されていない」その結果は争いに陥ることがあるかもしれない（GA II/5, 129）。哲学者は「神という理念の概念」（Begriff der Idee Gottes）をもつに過ぎないが、理性によって定立されるものは端的に全ての理性的存在者において同一なので、神への信仰が理性によって定立される以上、多くの神々ではなく「端的に唯一の神（*Ein* Gott）だけ」が存在する（GA II/5, 131）。この観点からフィヒテは「キリスト教」（das Xstentum）に言及して、従来から行われてきた哲学者の「キリスト教と自分の哲学を一致させよう」との企図を「決して思いつかない」（GA II/5, 132）という。超越論哲学がキリスト教と一致する宗教哲学を結果で提示するか出発点では分からないとし、結果が争うかもしれず、結果とすべき「真のキリスト教も一体どこにあるというのか」と問いかけさえする。超越論哲学の理論は「それ自体は死んだもの」（GA II/5, 134）なので、民衆を指導する者が哲学を「規範」（Regulativ）としてもつべきであり、そのかぎりで哲学は実践的となる。宗教は全ての人間の関心事であり、人間が徐々に一致するという理性の偉大なる目的実現のための「人間の使命」（Bestimmung des Menschen）であるが、宗教哲学は宗教の理論に過ぎないので、両者には「区別」（Unterschied）がある。宗教には感情と感覚が含まれるが、その理論はただ感情と感覚について語るに過ぎない（GA

II/5, 136)。

フィヒテによると、エーベルハルトの「敵対する哲学も多かれ少なかれ明確に意識しているとおり、私の哲学との論争の真の所在は（客観へと向かう単なる）認識と、現実の生（欲求能力、感情、行為）との関係についてである」。敵対する哲学では「認識が上位」で「生は認識によって規定される下位」である（GA II/5, 137）が、超越論哲学は「生、感情や欲求の体系を最高のもの」とし、認識には「単に傍から見ることだけ」（nur das Zusehen）を許容する。後者では感情に意識が結びつけられていて、感情が「直接的認識」を与えるが、この直接的認識だけが「実在性」をもち、それは「生から出現するものとして、何か生を動かすもの」である。「もし哲学的に認識の実在性が示されるべきならば、一つの感情が指摘されねばならず」、「この感情にこの認識が直接的に結びつけられうる」[13]。「我々の認識は我々に豁然と、永遠に（mit einem Mahle, für alle Ewigkait）与えられる。我々は認識をさらに展開するだけであり、素材（*Stoff*）をまさにこの認識の素材から増やすことができるだけである」（GA II/5, 138）。この「直接的なものだけが真」であり、「媒介されたものは直接的なものに基づいているかぎりで真」であるに過ぎず、それ以外は「キメラと絵空事」（Schimäre, u. Hirngespinst）である。エーベルハルトは「道徳的感情は理性の陶冶に依存していないだろうか」[14]と問う（GA II/5, 139）が、フィヒテは彼の理性を「理論理性」、「認識能力の理性」と捉え、それは「ただ何かが存在するということや、どのように存在するかを述べる」だけであり、「行為すること、行為すべきであること、要請」については何も述べない（GA II/5, 140）とする。「どうして道徳的感情が無教養な人間においては粗野（roh）なのか」などという彼に対し、感情の概念には「粗野などという形容は全く許容できない」として、「絶対的に単純な、如何なる関係をも表現しない感情」に適切な形容ではないとする（GA II/5, 141）。彼は道徳的判断の正しさの「基準」（Kriterium）を何か「論理的なもの」（ein logisches）と受け取り、また確かに日常語では道徳的感情に「繊細な」（fein）という形容を用いる場合もあろうが、それらは「根源的で本来的な道徳的感情」（GA II/5, 142）には許容できない。道徳的判断の「能力」(Fertigkeit) が理屈づけから獲得されたり、判断の基準が理論的命題であったりすることはありえず、そこには「論点先取」(petitio principii) があるとされる。フィヒテによると、道徳的感情は全ての人間において「等しく包括的」(gleich umfassend) で、自由な行為のあらゆる客観に関わるので、理論的に教養ある者も無教養な者も道徳的感情の「適用」(Anwendung) 自体に違いはない。「エーベルハルト氏は理論的教養 (Cultur) が善意志を齎す、或いは高めると論証しなければならない」が、「望ましいのは彼がそういう主張をしないこと」(GA II/5, 143) である。こうして道徳的感情に必要なのは、「一方的な理論的悟性教育」ではなく「全人の陶冶」(Bildung des ganzen Menschen) や「啓発」(Erziehung) である (GA II/5, 144) とされる。

三　知性的感情と良心の声

さらにフィヒテは、道徳的感情から「神性への我々の信仰が基礎づけられる感情」へと考察を進める。感情は「感性的」(*sinnlich*) か「知性的」(*intellectuell*) かであり、意識を把握するには後者の「知性的感情」を受入れねばならないが、「思考の確実性と必然性の直接的感情」に気づかないエーベルハルトの学派は、「理論的洞察」に拘り無限進行に陥っている (GA II/5, 146)。確かに感情が真理を与えるべきだとはいえないので「確実性と真理の感情」は何らかの思考だけに伴うとは認められるが、この思考が「理性性そのものの条件」であり確実性の感情が切り離せないとすると、「全ての人間がこの感情に関して論証される必要なく一致」せねばならず、この知性的感情こそ「全ての確実性、実在性、客観性の根拠」(GA II/5, 147) である。この客観は感性的感情によってではなく思考によって存在するが、それは単なる思考に過ぎないのではなく、「この思考において照応するもの」が知性的感情の内に見て取られる。フィヒテによると、知性的感情が伴った思考には次の二つのことが伴う。すなわち「我々の道徳的本性によって我々に定立される理性の絶対的自立性という目的の実現への接近が可能であるということ」と、「我々の境遇においてただそれが義務であるが故に義務に適うように我々の責務を遂行するのが接近の条件（*Bedingung*）であるということ」である。これらは人が「理性の絶対的自立性を自分で目的へと定立すること」によって必然的である（GA II/5, 149）が、何か「恣意的な思考」（ein willkührliches Denken）、「単なる蓋然的定立」（ein blosses problematisches Setzen）のようでもある。しかし、知性的感情の伴った思考は「思考の連関において必然的なのであり、このことがはじめて論理的必然性を与える」のである。この「直接的確信」の感情から「私は端的に自分にこの目的を立てるべきであり、その目的を端的に遂行可能なものとみなすべき」であって、この当為と可能性の両者は「一つの思考」であり必然的である。この必然性を「私は感じるだけで他の命題から推論するのではない」（GA II/5, 150）のであり、この「単に感じられるだけの確実性」は論証不可能であるが「誰に対しても確実に前提できる」ので、彼によると「人間的知の連関について考究する人」は人間的知がこの確実性だけに基づくと認識しており、人が何かを知る場合この人間的知から自覚せず出発している。人は「この知を自分の内に産み出す（*erzeugen*）ことが求められているのではなく、ただそれを自分の内に見出すことだけが求められている」のであり、誰の意識の内にも「既にそれに基づいて構築される何か」つまり「必然性を前提とする知見」が存在する（GA II/5, 151）。

「結論」として、フィヒテは「義務に適った使命を通して理性目的の達成のために行為することができるという可能性の絶対的な確信と信念」が直接的で「一切の宗教の基礎」であるという。そして「この我々の意志の義務に適った使命を通して、理性の目的をも我々の意志の外に発現する（befördern）ことができる」という可能性の「我々の能力の絶対的な確信と信念」が「宗教の直接的なもの」（GA II/5, 153）であるとする。宗教を結論の普遍的形式において捉えるのは哲学者だけである。ただし「超越論哲学者」としてではなく「抽象的思想家」として義務概念をただ抽象的概念として捉えるだけであり、哲学者も含めて「生の内にある現実的人間」にとって、義務命令は常に具体的に規定された意志規定が現れてくるだけなので、人は「個々の場合に自分の良心が要求するように」自分の意志を規定するかぎりで道徳的に行為する。宗教も同様で、現実的人間は「いま個々の場合に自分がこの意志を通して理性の〈究極目的〉」を自分の意志の外に発現できるとの確信をもつかぎりで、「宗教的に信仰している」（GA II/5, 157）。この現実的人間における個々の良心の要求が、宗教的人間の「本質」（GA II/5, 158）である。日常的な生の「営み」（Geschäfte）のなかで経験において共通のものを概括し一般的概念から一般的規則を形成することが人間には必要であり、道徳や宗教の領域においても人間は同様にする。人間は最高の「抽象」へと高まる必要はなく、この高まりは規則の内で「ただ規則に即して導かれる（体系的哲学的な）構築」によってだけ生じる（GA II/5, 159）。フィヒテは、ここには「端的にただ単に私にだけ依存する何か、つまり私の意志の義務に適った使命」から「この意志規定から続くべき私の宗教的信仰に従う何か」へと繋がる思考の連結があるという。ここに「第一の規定に第二の規定を結びつける宗教的信仰」があり、道徳性は「第一の規定によって完成されている」（GA II/5, 161）。「私は自分の有限性の法則に従う」ので、「義務に適って意志するという要求」には、それが現実の意識の内に現れるに従って「何か規定されたものを意志するという要求」がある。この規定づけられた使命が「良心の声」（die Stimme des Gewissens）を通して確実であることは「恭順」（Gehorsam）から信じられるものであり、より本来的にいうと、ここには「純粋な道徳と宗教との間の接続リンク（Verbindungsglied）」があり、この意志規定から行為が続き、この行為からその帰結が我々理性的存在者の世界の内で続いていく。「私はこの帰結を予測できないが、それが善いもので理性の目的に適うと信じ」ており、それが「宗教」である（GA II/5, 162）。

　フィヒテによると、意志の規定は常に現在のものであり、同時に必然的に過去のものと未来のものとが考えられるが、「その内で前提されるのは、私が義務をもっていて義務に従って私の意志を規定すべきだということではない」。むしろ「今この規定されたものが私の義務であるということもまた、まさに理性界全体の私の境遇の結果」

であって、この境遇において端的に「私の良心の言明という基準」（Maasgabe des Ausspruchs meines Gewissens）に即して私は行為すべきである（GA II/5. 167f.）。「私はまさにこの境遇を理性の目的で割り出し、かの原理の結果であるということを想定せずに行為できない。あらゆる個人の自由な行為に前提されている理性界はかの原理によって秩序づけられ齎されている」のであって、「世界はその原理によって創造され、維持され、統治されて」いて、「この世界において未来の何かが要請されている」。それは「純粋な道徳性による解放へと有限な存在者の運命を維持し、永遠に継続し統御すること」（GA II/5. 168）である。「ここではただ働き、出来事、何か流れるものだけが考えられていて、存在や存立は全く考えられていない。創造し、維持し、統治することは考えられているが、創造者、維持者、統治者は全く考えられていない。要するにそのように存在している。それはきわめて十分な確実性で割り出されていて、この点に確信は立っており、この点から抜け出すことは確信性と確実性のゆえに全く根拠がない」（GA II/5. 169）。

四　道徳的決意と宗教的国民教育の教育学的規則

こうした観点からフィヒテは「回想」で、主語と述語の関係のもとに神に論及していく。すなわち「述語の多様性や対立の内で継続している、これらの述語の一つの原理である思考そのものは、それ自身で継続するものであり存立するもの」である。ここには思考の二つの対立する規定があり、一方は「統一された継続する思考」、「原理の統一の思考」で、もう一方は「流動変化する思考」、「かの一つの原理の述語から述語への進行」である。後者における「諸々の述語」は直接「道徳的決意」の内に生じており、この決意に応じて、この決意において結合する。そして「私が道徳的要求の抽象でもって、理論的に独断的に分離しながら述語を反省することによってはじめて私に思考の統一が生じる」（GA II/5, 170f.）。彼によると、この述語の働きから神を説明するには我々の「魂」ないし「精神」の思考が適切な例である。たとえば私は感じることなどを、「私がそれを為すこと」で直接的に認識する。これには「道徳的決意」の意識さえも結びつけられるが、私は「この直接的意識の内にとどまり、完全に実践的」であるかぎりで「感じることをただ感じることだけから」知る。私がここで「現実性を超えて」（über die *Wirklichkeit*）高まり、抽象によって「単に形式、行為そのものだけ」を分離して捉える場合に、「私にとって必然的に、常に継続するあの多様な規定一般に対する一つの原理の思考」が、この「抽象的で流動的で対立している思考」に対して生じる（GA II/5, 172f.）。抽象へと高まることで、この一つの原理は「精神的であること一般として生じるのではなく、それ自身で精神として生じる。――創造し維持し統治すること一般としてではなく創造者、維持者、統治者として生じる。人が一旦抽象を行なった後は、我々の思考の法則に適って生じる」。ここでは「述語の関係づけられるべき原理も精神も、抽象的思考によってだけ生じている」ことから、神は知覚と関係しておらず、単に「論理的主語」に過ぎず「実的なものや実体」ではない。「ただ述語だけが知覚に、必然的思考に、実的思考に現れるのであって、主語が現れるのではない」（GA II/5, 174f.）。神は「必然的に想定される創造し維持し統治することそのもの」であるが、「推論は実的実体の概念から行なわれる。論理的な主語の概念からは決して行なわれない」のであって、道徳的必然性は推論ではなく直接的意識から齎される（GA II/5, 176）。生からは直接的信仰だけが現出し論理的主語は現出しないので、「この直接的信仰はすぐれた教育を為されるべき」であり、教育を通して「論理的主語はおそらく自然と見出されるものである。ただそれが自然と形成されるかぎりでのみ、我々にとって適切なのである」。直接的信仰は「理屈づけ」ではなく、「生における習練、道徳性への教育」によって陶冶されるべきである（GA II/5, 178）。こうしてフィヒテは、宗教的国民教育の教育学的規則について「宗教的陶冶は宗教における教育からは育てられない」とし、宗教的国民教育は「心の純粋な徳への（外面的な敬意ではなく）人倫性への形成でなければならない」

とする。宗教は「徳のある心情によって自然と生まれる」もので「何か人間の内へと持ち込まれるべきものではなく、既に人間の内にあり、ただ展開されるだけのもの、人間がそこへとただ想起されるだけのもの、人間の内でただ浄化され復活されるべきもの」（GA II/5, 179）であって、「神の我々への関係は、我々にとって直接的に与えられる。人はこのことから始めなければならない」（GA II/5, 180）とされる。この自分の教説に対して「政治家と教会」はただその「帰結」だけを問題にすればよく、「良心」をもってこの「国民教育」が有害な帰結を伴うか研究すべきである。また「神学者」については、ここで可能ならば「神そのものの本質に関する知見」をどのように適用しうるか語っていただきたいとする（GA II/5, 181）。「応答」としてフィヒテは「宗教的信仰の感性界の現実存在からの発生的説明」を非難するとし、要するにここでは理性の体系全体を貫く「主観と客観の根源的二重性」に基づく二重性がその最高段階に存在しているとする。彼によると、「生」が「客観的理性的存在者の全体性」であるのに対して、「思弁」は「主観的理性的存在者の全体性」である。両者は「一方は他方なくして不可能」（GA II/5, 182）なのである。

結　び

無神論論争期の「訴え」でフィヒテは「道徳と宗教は絶対に一つである。両者は超感性的なものの把握であり、第一のものは行為によって、第二のものは信仰によって超感性的なものを把握する」（GA I/5, 428）とし、道徳と宗教の一体性を強調した。彼は「根拠」で無神論について、真の無神論とは「自分の行為の結果についてあれこれ考え、好結果を見込めると信じるまでは良心の声に従わず、そうして自分自身の忠告を神の忠告よりも上にみて、自分自身を神にすること」（GA I/5, 354）であるという。無神論を良心の声への恭順に対立するものとみる彼は、「訴え」で「義務を端的に義務自身のために果たすことによって、人は一切の感性的な動機や意図や目的を乗り越える。人が何かを為すのは、あれこれのことが世界の内で生じるためにではなく、ただ単に何かそれ自身が行なわれ、我々の内なる声に対する恭順が成し遂げられるためである」（GA I/5, 425）としながらも、「義務は端的に生じるのでなければならず、何らかの目的を顧慮せずに生じるのでなければならない」という者はその哲学において「単に形式的な道徳的命令（Sittengebote）に対して素材的な内容が一体どこから生じるのかを決して説明しえないだろう」として、「彼らは有限な存在者の思考様式を全く見誤っている」（GA I/5, 429）とした。「回想」の考察を通して、生と思弁の区別の見地から自らの宗教哲学の意義を展開し、道徳的感情から知性的感情へ、そして良心の声へと論及していくフィヒテは、「哲学は個人の頭脳の産物ではなく、同時に時代の産物となる」（GA II/5, 183）として、「我々は人間精神を解放したいだけである」（GA II/5, 184）とする。キリスト教の在り方にまで言及する「回想」の彼の思索は、無神論論争の最中にあって超越論哲学の見地に基づく宗教的国民教育の必要性にまで展開されており、後のフィヒテの通俗哲学の基礎となる意義をもつ。

註

（1）Fichte, J. G.: *Rückerinnerungen, Antworten, Fragen*, 1799, GA II/5, 97–186.

（2）Jacobi, F. H.: *im Druck veröffentlichter Brief von Friedrich Heinrich Jacobi an Fichte vom 3. -21. 3. 1799*. GA III/3, 224–281. ヤコービからの批判については、拙論「なぜフィヒテのイェーナ期哲学はヤコービにニヒリズムとみなされたのか」、『フィヒテ研究』第二五号（晃洋書房）、二〇一七年、七一―八五頁を参照。

（3）Eberhard, J. A.: *Über den Gott des Herrn Professor Fichte und den Götzen seiner Gegner: Eine ruhige Prüfung seiner Appellation an das Publikum in einigen Briefen*, 1799.

（4）Fichte, J. G.: *Grundlage der gesammten Wissenschaftslehre*, 1794/95, GA I/2, 171–461.

（5）Fichte, J. G.: *Über den Grund unseres Glaubens an eine göttliche Weltregierung*, 1798, GA I/5, 319–357.

（6）Forberg, F. K.: *Entwickelung des Begriffs der Religion*, 1799

（7）Fichte, J. G.: *Appellation an das Publicum*, 1799, GA I/5, 375-453.

（8）ルター作詞・作曲の「神はわがやぐら」（*Ein feste Burg ist unser Gott*）（一五二九年）、『新聖歌』日本福音連盟新聖歌編集委員会（教文館）、二〇〇一年、四四六―四四七頁を参照。

（9）「根拠」には「我々は自分の論証が決して無信仰者の罪の立証（Überführung）ではなく、信仰者の確信（Überzeugung）の導出と見なされる術を心得たい」（GA I/5, 348）とある。

（10）Eberhard, J. A.: *op. cit.*, S. 1.「私だったら、その背後であなた方がここで完全者の下にあるように既に生きているカーテンを、少なくとも引き上げようとはしないでしょう」。

（11）精神陶冶については「ただし哲学は生を形成せず教えるに過ぎないので、哲学を介してではなく生そのものによって生そのものの内においてである」（GA II/5, 124）と注意する。

（12）「我々が行なわねばならないことは、どのようにして人間がかの信仰に到るのかという原因問題（Causalfrage）について答えることだけである」（GA I/5, 348）。

（13）「生が基礎であり、言葉はほとんど意味がない」（GA II/5, 138 Anm.）。

（14）Eberhard, J. A.: *op. cit.*, S. 20.

第三章

シラーとフィヒテの衝動論の差異

序

シラーの『人間の美的教育について』（一七九五年、以下『美的教育』[1]）の理論構成において最も主導的な役割を果たしているのは、「衝動（Trieb）」の概念である。シラーは、この『美的教育』において、「感性的衝動（sinnlicher Trieb）」（NA 20, 344）、「素材衝動（Stofftrieb）」（NA 20, 349）と「理性的衝動（vernünftiger Trieb）」（NA 20, 348）、「形式衝動（Formtrieb）」（NA 20, 345）という二種の衝動を提示する。そして、両者相互間の相容れない対立を調和させる「遊戯衝動（Spieltrieb）」（NA 20, 353）を通して、二つの衝動の交互作用の結果として生じた統一的な観点から美を把握する。このようなシラーによる衝動論の基本構成は、ガダマーの指摘にもあるように[2]、フィヒテの衝動論を基盤としたものであると一般に解されている。たしかに、このシラーによる哲学的考察の背後にはフィヒテ哲学からの知見があり、このことは、シラー自身が『美的教育』の中で二カ所においてフィヒテ哲学に注記していることからも明らかであり、一つには『美的教育』第四書簡においてフィヒテの『学者の使命に関する数回の講義』（一七九四年、以下『学者の使命』[3]）に、もう一つには『美的教育』第十三書簡において『全知識学の基礎』（一七九四／九五年、以下『基礎』[4]）の理論的部門（一七九四年）に、それぞれ言及している。

シラーは一方で、『美的教育』冒頭の第一書簡において「私は、以下の主張が大半カント的な原則に基づいていることを、あなた方に隠し立てするつもりはない」（NA. 20. 309）としており、カント哲学の影響下にある哲学者の一面をもっている。しかし他方で、『カリアス書簡』（一七九三年）[5]において、カントの『判断力批判』（一七九〇年）[6]にみられる趣味に対する客観的原理の不可能性に不満を表明しつつ、カント美学の主観性を乗り越えて美の客観的原理を哲学的考察のもとに確立しようと努力する。ここにおいてシラー美学の根本思想は、「美は現象における自由に他ならない」（NA 26. 183）というところにあるが、この見地から、シラーは芸術の美に素材の美と形式の美の二種を見て取り、この両者の合一が偉大な芸術家をつくるとして、さらに『優美と尊厳について』（一七九三年）[7]と『美的教育』とにおいて自らの美学を展開したのである。こうしてシラーは、カントの哲学的思索を乗り越えようとする際、フィヒテのいう衝動に依拠しようとしたわけであるが、しかし、このことによって惹き起こされたのは、むしろ衝動をめぐって浮上したフィヒテとの哲学的な立場の差異とその深刻な対立であった。

注意を要するのは、シラーの『美的教育』が、フィヒテの『基礎』理論的部門と実践的部門（一七九五年）のちょうど狭間の時期に[8]、雑誌『ホーレン』誌上に三回にわたり掲載された連続書簡である点、またこの成立事情ゆえに『美的教育』は必ずしも体系だった哲学的思考が展開されているわけではない点である。実際シラーが『美的教育』において引き合いに出したフィヒテ哲学の内実を検証すると、それが素材と形式とを区別することから始まるシラーの衝動論の基本構成に直接的かつ整合的につながるものではないことが分かる。むしろ、ここにおいてシラーの展開した衝動論の内容は、『美的教育』においては言及されていないフィヒテの初期宗教論『あらゆる啓示の批判の試み』（一七九二年）第二版（一七九三年）にみられる衝動論の着想に近いものとなっている[9]。また、この時期のフィヒテ哲学についても、フィヒテの主著である『基礎』自体が、実践的部門において衝動論が十分に展開されることなく未完に終わった著作である点、またこの時期のフィヒテの衝動論が最も体系だった仕方で展開されたのは『基礎』ではなく、後の『知識学の原理による道徳論の体系』（一七九八年、以下『道徳論』[10]）においてであった点を考え合わせなければならない。結果的に、シラーの衝動論とフィヒテのそれとには異同が生じることとなったが、本章では衝動論をめぐって両者間に対立が生じるに至った経緯に注目し、それぞれの衝動論のもつ特性を検証することを通して、両者の哲学的な立場の差異を浮き彫りにしていきたい。まず関連するカントとシラーの道徳論の対立を概観しつつ、次にシラーの『美的教育』において援用されたフィヒテ哲学の内容を検討して、衝動の概念を軸にしたシラーとフィヒテのそれぞれの思想形成における影響関係について考察していく。

一　カントとシラーの道徳論の対立

さて、カントは『純粋理性批判』（第一版 一七八一年、第二版 一七八七年[11]）において、人間の認識能力を感性、悟性、理性の三つに区別し、或る判断の成立には感性による経験的直観が純粋悟性概念の下に包摂されねばならないとした。認識は感性と悟性とが共働することによって成立するが、直観の多様と悟性のカテゴリーとは全く異質なものなので直接結びつくことはない。「では、どのような仕方で純粋悟性概念の下に経験的直観の包摂が可能であるのか。したがって、どのような仕方で現象にカテゴリーの適用が可能であるのか」（A137/B176）と問うカントは、「この非常に自然で重要な問いが、いま実際、どのように純粋悟性概念が現象一般に適用され得るのかを示すために判断力の超越論的理説が必要であるとなされる理由である」として、直観と悟性の両者を媒介する感性的かつ知性的な「超越論的図式（das transzendentale Schema）」（A138/B177）を要求した。この論点は『純粋理性批判』では述べられず、『判断力批判』において、普遍が与えられているときに特殊を普遍の下に包摂する「規定的判断力」と特殊が与えられているときに特殊に対する普遍を見出す「反省的判断力」とを区別した上で（AA V, 179）、後者の立場から展開された。カントは、ここにおいて直観と概念を繋ぐ判断力を主題とし、第一部で「美的判断力（ästhetische Urteilskraft）」を論じつつ、人間は美的判断において概念によっては把握し難い美の対象を、悟性に制限されない構想力の自由な活動を通して、即ち構想力と悟性の自由な「遊戯（Spiel）」（AA V, 313）を通して把握するとした。その上で、さらにカントは、「美は道徳的善の象徴である」（AA V, 353）として、美的判断と道徳的判断の類似を比較検証し、一方で感性的であると同時に知性的であるものに関わる美的判断を構想力と悟性の自由な遊戯とともに説明しつつ、他方で美的判断のこの遊戯は人間の単なる主観的な認識能力の限界内にとどまる立場であると注意を促した（AA V, 366）。

これに対して、シラーは、『カリアス書簡』において「私はそれ自体（eo ipso）趣味の客観的原則としての資格を与えられるべき美の客観的概念、カントが絶望しているこの美の客観的概念を見出したと確信する」（NA 26, 170）といい、美的判断における客観的概念を究明しようとする。そして、「美は概念から全く独立したものなので、理論理性には見出されない。（中略）ここにおいて恐らく我々はそれを実践理性の中に探求しなければならないであろう」（NA 26, 180f.）とする。こうして、シラーの哲学的考察のプロセスは道徳と美をめぐって展開し、「純粋な意志の形式と或る行為の一致が道徳性である。純粋な意志あるいは自由の形式と或る現象の類比（Analogie）は（最広義で）美である。それゆえ美は現象における自由に他ならない」（NA 26, 183）とされたのである。シラーは「道徳的な美は、経験において何かがそれに対応する概念である」（NA 26, 195）といい、この道徳的な美という見地に立脚することによって、美の客観的概念を見出したと考えたのである。

問題なのはシラーの道徳的な美の見地が、果たして本当に美の概念の客観性を担保し得るのかということである。というのも、シラー自身ここにおいて「実践理性の形式と対象のこの類比は実のところ自由ではなく、単なる現象における自由、現象における自律にすぎない」（NA 26, 182）と述べており、カント哲学の全内容は「汝を汝自身から規定せよ」（NA 26, 191）という言葉に収斂出来るとして、さらに美の概念を、美は「現象における自由」であり、かつ「合芸術性における自然（Natur in der Kunstmässigkeit）」（NA 26, 203）であるという二つの根本規定から捉えていく。このシラーによる「合芸術性における自然」という規定は、『優美と尊厳について』において発展する。そして、人間を感性的なものと理性的なものとが混合されたものとみるシラーにあって、この規定は美的判断の基準が理性と感性の両方に関係づけられていく仕方で展開するのである。若き日すでにシラーは一七八〇年の論文「人間の動物的本性と精神的本性の連関について(12)」において「人間のあらゆる精神的能力が感覚的衝動からどのように発展するか」（NA 20, 50）と問い、「人間は魂と肉体とではなくて、この両実体の最も内的に混合させられたものである」（NA 20, 64）と述べているが、シラーは『優美と尊厳について』において、「優美（Anmuth）」と「構成の美（Schönheit des Baues）」という二種の美を区別すること（NA 20, 255）を通して、真の美的表象は精神と感性の統合的な表出のうちにあると考える。即ち「人間は同時に一つの人格である。つまり、それ自らが自己の状態の原因、しかも絶対的に究極の原因である存在であり、自己自身の中から選出する動機に従って変化しうる存在である」（NA 20, 262）が、優美は「人格が規定する諸現象の美」を意味するとして、優美という「人格の功績」と自然という創造者に由来した構成の美という「才能」とを、それぞれ理性的なものと感性的なものとに分節化する（NA 20, 264）。シラーによると、この二つの美の領域は交互に移行することがあり得る。即ち「生き生きとした精神」が「それ自体のために肉体を形成するようになり」、この「肉体の構造自体が遊戯に従わねばならず、その結果、優美が構成の美に移行することは珍しくない」（NA 20, 265）と。この優美は道徳性に沿って一定の目標に向けられた人間の恣意から生まれるが、その表出の際には恣意性を消し去り自然な美となっていなければならない。このように「人間は他の感性的存在のように、たとえそれが神的なものであろうとも、余所余所しい理性の光源（die Strahlen fremder Vernunft）

を単に投げ返すだけではなく、太陽と同様に、自分自身の光から輝きを発するべき」(NA 20, 277) なのである。カントの哲学体系においては、趣味判断における主観的関心と道徳法則における客観的原理とが結び付けられることはなく、明確に両者が区別される。美学と道徳の統合の道を切り開こうとするシラーは、カントの厳格主義を批判して、「カントの道徳哲学においては義務の理念が厳格に述べられるが、その厳格さによって一切の優雅さが退いてしまい、そして気弱な悟性は容易に修道士の陰鬱な禁欲主義の道において、道徳的な完全性を求めようとしてしまう」(NA 20, 284) といい、人間の本質を「理性的で感性的な存在」(ebd.) と見做し、道徳的な美を遊戯のうちに持ち込むのである。

しかしながら、このようなシラーによるカントの区別の立場を放擲する見地には注意を要する。カントによると、義務と傾向性の一致は感性の要求を満足させてしまうことになるため、道徳法則においては「衝動の満足には決して価値を認めることが出来ない」(NA 20, 287) のである。これに対して、シラーの立場は、道徳的な美の要求が傾向性からなされつつ、「美徳とは『義務への傾向性』に他ならない」(NA 20, 283) として、理性がそれに積極的に従うという見地を提示する。シラーは、優美と尊厳とが一つの同じ人格において成立した道徳的に完全な人間という理想を表明しつつ、優美あるいは感性と尊厳あるいは理性という二種の観点を提示して、このうち優美を重視する。カントの『実践理性批判』(一七八八年)[13] において「道徳法則が直接的に意志を規定すること」(AA V, 71) という点が強調されるように、カントにとって重要なのは理性的存在者である人間が、傾向性に抗って、ただ只管に義務に基づいて行為することである。この意味においては、抗われるべき傾向性は、むしろ乗り越えられるべき抵抗がつよければつよいほど人間の道徳的行為を価値づけるものとなる。これに対して、シラーは道徳と感性との関わりを積極的に求めていき、むしろ『学者の使命』において衝動の概念から自らの道徳論を企図したフィヒテ哲学に自分の見地との近しさを覚えた。こうして、シラーはフィヒテの『学者の使命』における衝動論を取り入れ、自らの哲学の中心概念を「遊戯」と捉えつつも、それをフィヒテの衝動の概念と関連づける方針を取ったと考えられる。つづいて、この見地からシラーとフィヒテの両者の哲学的思考の影響関係をみていく。(14)

二　フィヒテの『学者の使命』と『基礎』理論的部門からの影響

それでは、シラーは『美的教育』において、一体どのようにフィヒテ哲学を自分の哲学的考察に取り入れたのであろうか。シラーは『美的教育』第四書簡において、次のように衝動の概念を人間の道徳的な性格と結びつける。即ち「人間の意志規定は常に偶然的なものにとどまって」おり、「自然的必然性と道徳的必然性は絶対的存在のもとでのみ一致する」が、人間の道徳的行為が自然な結果と同じものと見做されるべきならば、この行為は自然な行為となるはずであり、「人間は自らの衝動によって既に、常に結果としてのみ道徳的な性格をもち得る行為へと導かれるにちがいない」(NA 20, 315) と。この結果、人間を道徳的行為へと導く衝動はそれ自体が道徳的性格を孕んでいなければならず、「それゆえ人間の衝動は、普遍的立法に適するほど十分に人間の理性と合致する」(NA 20, 316) ことになる。シラーによると、各人は「自らのうちに純粋で理想的な人間を蔵し」ており、「その純粋で理想的な人間という不変の統一に合致していくこと」を「人間の現存の大いなる課題」とする。そして、この点についてフィヒテの『学者の使命』を参照したと注記して、ここに非常に明快な仕方でこの課題が「導出」されているという (NA 20, 316Anm.)。

つづいて、関連するフィヒテの『学者の使命』の内容をみていこう。たしかに、フィヒテは『学者の使命』第一講義「人間そのものの使命について」において、「道徳論の原則」を「汝は汝の意志の格率を汝に対する永遠の法則として考えうるように行為せよ」ということとし、「あらゆる有限な理性的存在者の究極の使命」は「自己自身との絶対的な一致」であるという。フィヒテによると、「この絶対的同一性」が「純粋自我の形式」、自我の「唯一の真なる形式」（SW VI, 297 / GA I/2, 30）であるが、この「人間の究極の最高目標」、即ち「カントが最高善と名づけるもの[15]」は、人間以外の一切をも含めての「理性的存在者の自己自身との完全な合致」（SW VI, 299 / GA I/2, 31f.）であり、フィヒテは「人間の概念の中には、人間の究極の目標は到達されるものではなく、そこへの道は無限でなくてはならないということが含まれる」ので、「この目標に到達することが人間の使命ではない」と、人間精神の有限性の見地を明確にする。「この目標への限りなき接近」が「理性的ではあるが有限な存在者、感性的ではあるが自由な存在者としての、即ち人間としての真の使命」（SW VI, 300 / GA I/2, 32）なのである。フィヒテは、『学者の使命』第二講義「社会における人間の使命について」においても、人間の最高の衝動は「自己自身との同一性、自己自身との完全な一致の衝動」、「さらに人間が絶えず自己自身と一致しうるために、彼の外なるすべてのものと、これについての彼の必然的概念とを一致させようとする衝動」であるとする。フィヒテによると、この「概念に対応するものが現実的にも与えられなくてはならない」のであるが、「人間は必然的にこの概念を自己自身のなかで実現しようとするだけでなく、自己の外でも実現されているのを見よう」とするので、そこに人間は「人間と同類の理性的存在者が与えられている」という要求をもつ（SW VI, 304 / GA I/2, 35f.）。ここからフィヒテは「社会（Gesellschaft）」をカントの術語（A213/B260）に倣い、「概念に基づく交互作用（Wechselwirkung nach Begriffen）」、「合目的的な共同体（Gemeinschaft）」（SW VI, 306/GA I/2, 37）と規定しつつ、その上で『学者の使命』第四講義「学者の使命について」において衝動の概念を社会と結びつける。フィヒテによると、人間にとっては「さまざまな衝動と素養」を「可能なかぎり訓練することが各個人の使命」であり、人間には「社会への衝動」があって、「この社会が人間に新しい特別な教育」、即ち「社会のための教育」（SW VI, 324 / GA I/2, 51）を提供する。

こうしたフィヒテの『学者の使命』における衝動の規定が、シラーの『美的教育』の理論構成の基礎に据えられる。シラーは『美的教育』第八書簡において、「真理が力との闘いにおいて勝利を獲得すべきだとすると、まずもって第一に自分自身が力とならなければならず、現象の領域における自分の代理者に対し、一つの衝動を定める必要がある」として、「衝動こそが感覚的な世界における唯一の動的な力である」(NA 20. 330) とする。こうして、本稿はじめに確認したとおり、シラーは『美的教育』第十二書簡以降において、「感性的衝動」と「形式衝動」という二つの衝動の概念を提示した。前者は「人間の自然的な現存」、「その感性的本性」から出発し、「人間を時間の制限内に置き、素材とする」ものであり (NA 20. 344)、「断ち切れない紐でより高くと努力する精神を感覚界に縛りつけ、無限なものへと向かう自らの最も自由な回遊を現在の限界へ呼び戻す」(NA 20. 345) ものである。これに対して後者は「人間の絶対的な現存」、「その理性的本性」から出発し「人間を自由の中に定立し、その現象の多様性に調和を齎すことに、そして状態のあらゆる変転の中にありながら、その人格を固守することに努める」(NA 20. 345f.) もので、「理性的衝動」である。『美的教育』第十三書簡において、この両衝動の対立を次のように強調する。

「一瞥したところ、この両衝動の傾向は、一方では変化へ、他方では不変性へ向かうので、お互いにこれ以上に対立するものは他には何もないようにみえる。しかも、この両衝動こそが人間性の概念を言い尽くすものであり、この両者を媒介しうるような或る第三の根本衝動 (Grundtrieb) など断じて考えだせない概念である。したがって、一体どのように我々は、この根源的で徹底した対立によって、完全に廃棄されているようにみえる人間の本性の統一を、再びつくり出すといいのであろうか」(NA 20. 347)。

果たして、両衝動の相容れない対立は調停が可能なのであろうか。シラーによると、両衝動の「傾向」は矛盾しあうが、それぞれは「同じ対象」において矛盾するのではない。そして「互いに出会うことのないものが衝突し合うことは出来ない」のであり、「この両衝動のそれぞれに限界を確保することが文化 (Kultur) の課題」となる。したがって、この「文化の任務は二重」であり、感性的衝動には「感情能力の修養」が、形式衝動には「理性能力の修養」がそれぞれ必要である（NA 20, 348）。

それでは、この課題にシラーは『美的教育』においてどのように取り組むのであろうか。シラーは次のように注記して、両衝動の間に「交互作用（Wechselwirkung）」の関係を見出すことによって、さらなる衝動の概念を考案していく方針をとる。そして、この課題への解答が「遊戯衝動」の概念となる。シラーによると「両衝動の根源的な、即ち必然的な敵対性が主張されるならば、感性的衝動を理性的衝動に無制約的に従属させること以外に人間における統一を保つ方法はない」（NA 20, 347Anm.）が、これではこの統一は「単なる画一性であって調和ではありえず、人間は永遠に分裂したまま」である。それゆえ、この従属は交互的でなければならないのであって、「両原理は互いに従属しあうとともに調整しあっており、即ち交互作用の関係にある」とされる。シラーは「形式なくして質料なし、質料なくして形式なし」として、ここにおいて「この交互作用の概念とその全ての重要性は、フィヒテの一七九四年にライプツィヒで出版された『全知識学の基礎』において優れた仕方で研究されている」（NA 20, 348Anm.）として、フィヒテ『基礎』理論的部門から示唆を得たというのである。

次に、注記で引用されたフィヒテの『基礎』理論的部門の内容をみていこう。たしかに、フィヒテは『基礎』理論的部門において「交互作用の類比（Analogie）」としての自我と非我との「交互限定」（SW I, 131 / GA I/2, 290）という仕方で、この交互作用の関係について論及する。フィヒテによると、「自我が受動性の状態にある場合に実在性の絶対的総体が保持されるべきであるとすれば、必然的に交互限定の法則に従って同じ度の活動性が非我へ委譲されなくてはならない」が、自我にとって非我は、「自我が受動するかぎりにおいて、非我は実在性をもつ」という関係に立つものであり、これは「交互限定の法則」による。フィヒテは、「自我が触発されるかぎりにおいてのみ、非我は自我に対して実在性をもつ。そして自我の触発という制約がなければ、非我は何らの実在性をももたない」

との命題を、『基礎』実践的部門において「極めて重要」（SW I, 135 / GA I/2, 294）になるとした。

それでは、シラーは、『基礎』理論的部門でその重要性が予示されたフィヒテの交互作用の概念を一体どのように援用しているのであろうか。『美的教育』の成立事情に鑑みて、シラーがフィヒテ哲学を参照し得たのはこの段階で『基礎』理論的部門の内容までであるが、ここにおいてシラー美学の根本思想に注意しておかなければならない。シラーが『カリアス書簡』において、美を「美は現象における自由にほかならない」と定義するとき、ここにおける「自由」という概念の意味を「類比」という観点から理解しなければならない(16)。というのも、シラーによると、実践理性はその形式を行為に適用して、その行為が自由な行為であるか、自由でない行為であるかを規定するが、一方でその行為が自由な行為であると規定される場合、この行為は実践理性の形式に合致している。他方、その行為が自由でない行為と規定される場合、この行為に実践理性の形式は合致していないわけであるが、この実践理性の形式が適用されてはいる。つまり、それは実践理性の形式に合致しないにせよ、ここには実践理性の形式に調和するもの、即ち「自由な行為の模倣」ないし「自由に類比的なもの」（NA 26, S. 179f.）を見て取ることはできる。感性で捉えられない超感性的な自由とは異なり、この類比的である自由は感性によって捉えられるものであるが、これがシラーの規定する「現象における自由」としての美なのである。この考えを背景にして、シラーは『美的教育』第十四書簡において、両衝動の交互作用の結果として生じる統一として「遊戯衝動」を提示し、『美的教育』第十五書簡において、この遊戯衝動から美を把握する。シラーによると、感性的衝動が「生」を対象とし、形式衝動が「形態」を対象とする以上、両者の統一としての遊戯衝動は「生ある形態」を対象とすると考えられ、そして、これが「美」なのである（NA 20, 355）。シラーは、『美的教育』第十六書簡において、この遊戯における美的統一は両衝動の動的な交代の結果として生じる「平衡」であるとし、「したがって最高の理想は、現実と形式との最も可能で完全な結合と平衡のなかに求められなければならない。ただしこの平衡はつねに、現実によっては決して完全には到達されえない理念にとどまるだけである」という。「理念における美は永遠に不可分な唯一のもの」、そして「経験における美は永遠に二重のもの」とするシラーは、美に「素材衝動と形式衝動をともにそれぞれの限界内にとどめるための或る融和的作用と、両衝動をそれぞれの力の中に保存するための或る緊張的作用」とを期待するが、「しかし美のこの両作用の仕方は理念に沿って全く唯一つのものであるべきである」(NA 20, 360f.)という。シラーは、『美的教育』第二三書簡において、自然を道徳に変える「重要な契機」(NA 20, 385)としての美を論じて、『美的教育』第二七書簡においては「美的仮象の国」(NA 20, 412)に言及して、「『仮象はどの程度まで道徳的な世界の中に存在することが許容されるであろうか』という問いに対しては、その答えを簡潔にいうと、美的仮象である程度まで、となる」(NA 20, 403)と述べるに至る。このように、シラーによって『カリアス書簡』と『優美と尊厳について』において展開された道徳的な美を遊戯のうちに持ち込む見地は、『美的教育』に至って彼の美的国家論へと発展させられていくことになった。(17)

三　衝動をめぐるシラーとフィヒテの哲学的差異

それでは、以上のシラーの衝動論に対して、フィヒテは一体どのように応答したのであろうか。これについては、「遊戯衝動の代わりに、彼はむしろ構想力を定立すべきであったのに、とフィヒテは言っている」という内容の関連書簡が残っている。(18) つまり、フィヒテはシラーが衝動よりも生産的構想力で美学を論じるほうが適切であったとしていたとの報告である。たしかに、フィヒテは一七九四年の草稿「実践哲学」(19)において「美の感情は単に構想力の自由の中にあるにすぎない」(GA II/3, 210)と述べており、またフィヒテが『基礎』理論的部門でいう「生産的構想力」(SW I, 208 / GA I/2, 353)の概念は、構想力の「絶対的定立」と「反立」、そして「総合」という仕方(SW I,

215 / GA I/2, 359）で展開し、構想力の「動揺」（SW I, 216 / GA I/2, 360）の問題も議論されており、内容的にみてシラーの衝動論の基本構成に沿っている。フィヒテによると、「純粋活動性と客観的活動性との限界」が「構想力によって直観され、悟性において固定される」（SW I, 237f. / GA I/2, 377f.）のであるが、「思惟しうるもの、思惟可能性そのものは単に判断力の対象にすぎない」（SW I, 242 / GA I/2, 381）のであり、「構想力は、その本質からしてそもそも客観と非客観との間を動揺する」（SW I, 243 / GA I/2, 382）のである。

フィヒテはシラーの『美的教育』への応答として執筆し、シラーによって雑誌『ホーレン』に不掲載と判断された論文「哲学における精神と文字について」（一七九四年）[20]において、人間のあらゆる活動の中心にある根源的な衝動を「原衝動（Urtrieb）」（SW VIII, 284 / GA I/6, 346）と呼んだ上で、これを三つの衝動、即ち「認識衝動（der Erkenntnißtrieb）」（SW VIII, 278 / GA I/6, 341）と「実践的衝動（der praktische Trieb）」、そして「美的衝動（der ästhetische Trieb）」（SW VIII, 279 / GA I/6, 341）に分節化して提示する。このフィヒテによる三つの衝動への分節化については、カントによって所謂『判断力批判』第一序論の末尾（AA V. 40）において提示された基本的立場、即ち認識能力については悟性、判断力、理性のそれぞれ、またその適用範囲については自然、芸術、自由のそれぞれに三区分された批判哲学の基本的立場に沿ったものと考えられ、実際フィヒテは自らのカント『判断力批判』研究である「カントの『判断力批判』からの説明的抜粋の試み」（一七九〇／九一年）においても明確にこの三区分を了解している[21]。それゆえ、フィヒテはここにおいてシラーの遊戯衝動を美的衝動と捉え返して、次のように批判的な見地を示唆する。即ち、この美的衝動は「人間の外部にあるいかなるものをも目指すことはなく、ただ人間自身のうちにあるだけの何ものかを目指す」が、「この衝動の対象は、それ自身ひとつの表象」にすぎないので、それゆえ「この衝動の規定は、単に満足あるいは不満足によってしか示されることがない」のであって、そこでは満足あるいは不満足の「両者が一緒になってしまう」（SW VIII, 283 / GA I/6, 345）。「芸術家の所産の精神」はその「内的気分」であるにすぎず、「芸術家の所産の肉体」は「文字」であるが、それは「内的気分を表現する偶然的な諸形態」となる。こうして、芸術家にとって「芸術の必要性」とは「諸事物をある特定の気分にあわせて加工しようと望む者」が「死せる素材」を抵抗なく「たやすく加工すること」から考案されていくものにすぎない。フィヒテは「質料（Materie）が抵抗し、それを征服するために努力が必要」とされると容易に「美的な気分が中断されてしまう」ので、それは「自分の目的を達成することを只管に目指す労働者のまなざし」へと変じるという。フィヒテによると、「このような芸術の安易さは、きわめて頻繁に精神そのものと取り違えられてしまう」もので「精神そのものではない」のであり、ここから生じる「空しくカチャカチャと鳴り響く音」は「一つの遊戯」にすぎず、「このような遊戯が諸理念へと高まることはない」（SW VIII, 294f. / GA I/6, 355f.）のである。

したがって、これ以後のフィヒテは、自分の衝動論が言わば道徳衝動論であるとの立場を明確にしていくこととなる。フィヒテは、『基礎』実践的部門において自我と非我との交互作用について論究し、この自我と非我との根本構造を構想力と衝動の概念へと関係づけていく中で、自分の知識学の立場を「批判的観念論」あるいは「実在・観念論（Real-Idealismus）ないし観念・実在論（Ideal-Realismus）」（SW I, 281 / GA I/2, 412）と特徴づけるが、その内実は道徳的なものである。フィヒテによると、「自我の実践的能力」ないし自我の「実在性への衝動」は自我から独立な「反立された力」を変容しようと努力するが、他方でそれは同時に「自我の観念的能動性」ないし「自我の理論的能力」に依存する。「或るもの」は自我の実践的能力に関係づけられるかぎりにおいてだけ「独立的な実在性」をもつが、自我の理論的能力に関係づけられるかぎりにおいては「自我の中へ把握され、自我の領域に含まれ、自我の表象法則に服属させられている」。フィヒテは「しかし、さらに言えば、或るものは理論的能力によるほかには、いかにして実践的能力に関係づけられ得るであろうか、また、それは実践的能力を介するよりほかには、いかにして理論的能力の対象となり得るのであろうか」と問い、「即ち、あらゆる意識の最後の根拠は、異なる側面から考察されるべき非我を介しての自我の自己自身との交互作用である」として「これは循環であって、有限的精神はこれから脱出することはできず、また理性を否定し、かつ自己の滅却を求めることなしには、脱出を欲することもできない」（SW I, 281／GA I/2, 413）という。ここからフィヒテは「構想力なしには人はたった一つの表象をももたないであろう」としつつ、「必ずしもすべての人が構想力を自由に支配して、これによって合目的的に創造することができるわけではない」といい、「精神のこもった哲学的思索をなすか、精神なき哲学的思索をなすかはこの能力にかかっている。知識学は、単なる文字によっては決して伝えられず、むしろただ精神によってのみ伝えられ得る類いのものである」という。フィヒテによると、「知識学の根本理念は、これを研究するあらゆる人の中に創造的構想力そのものによって生みだされねばならない」のであって、「人間精神のすべての仕事は構想力から出発し、構想力は構想力によるよりほかには把握されることはできない」（SW I, 284／GA I/2, 414f.）のである。フィヒテは「非我を介しての自我の自己自身との交互作用」という観点を「交互限定への衝動」（SW I, 320／GA I/2, 444）へと展開し、この衝動を『基礎』実践的部門の最終局面で道徳性のもとに考察していく。「交互的に限定され且つ限定するものとして考察され得るものは調和的である」とするフィヒテは、自我の活動の視点からこの交互限定をみて、「自我はXをYによって限定し、またその逆をなす。（中略）この活動のいずれも明らかに他方の活動によって限定されている。なぜなら、いずれの活動の客観も他方の活動の客観によって限定されているからである。この衝動は、自我の自己自身による交互限定への衝動とよばれ、あるいは自我の自己自身における絶対的統一と完成への衝動とよばれ得る」（SW I, 326／GA I/2, 449）という。こうして、フィヒテは『基礎』実践的部門において、衝動を次のように整理する。即ち「周囲は今や廻りつくされている。まず自我の限定への衝動、次に自我による非我の限定への衝動。非我は多様なものであり、そのために特殊的なものは自己においてかつ自己自身によって完全に限定されることはできないから交代による特殊的なものの限定への衝動、この交代を介しての自我の自己自身による交互限定への衝動。したがって、それは自我と非我との交互限定なのであって、これは主観の統一によって自我の自己自身による交互限定にならねばならないのである」（ebd.）と。フィヒテは「諸衝動の体系をまとめあげかつ完結する」とし、この衝動は「自己を絶対的に自ら産出する衝動、絶対的な衝動、衝動のための衝動」であろうが、これを法則として表現すると、「法則のため法則」、「絶対的法則」、「定言命法」、あるいは「汝、端的になすべし」（SW I. 327 / GA I/2. 450）であるというのである。

このようなフィヒテの道徳衝動論の見地は、『言語能力と言語の起源について』（一七九五年[22]）において、より具体的に展開されている。即ち「人間は、むきだしの、あるいは獣的な本性を、自らの目的に即して変容させることを目指す」が、この衝動は「汝自身とつねに一つであれ」とする「人間における最高原理」に従属せねばならない。人間は普段「この原理を意識するということはない」が、「すべてが自らの理性と一致するように、理性的ではない自然本性を屈服させようとする」ものであり、「人間が自分自身と調和することができる」のはこの制約からだけなのである。「人間は表象する存在者である」が、「表象する事物が自らの衝動と一致しない」ことによって、人間は「自分自身との矛盾」へと陥る。それゆえ「衝動は事物が我々の傾向と調和するように、そして現実が理想に合致するように事物に手を加えねばならず」、人間は必然的に「彼が知るかぎりのすべてを理性に適合する（vernunftmässig）ようにすることを目指す」（SW VIII. 305f. / GA I/3. 100f.）こととなる。フィヒテは、このことを「交互作用」から説明し、「私がある存在者に対して自分の目的を表出する（äussern）のに応じて、このような表出との関わりの中で自分の目的を変えるような存在者（中略）だけを、私は理性的であると認識することができる」という。ここにおいて「私とその存在者とのあいだに登場している交互作用」には「自由と合目的性との間の交替が明らかに示されている」のであり、「この交替の中に我々は理性を認識する」のであるから、「人間は、必然的に、理性適合性を自分自身の外部に見出すということを目指す」。「人間はこのことを目指す一つの衝動をもっている」

のであり、「自分自身の外部に理性適合性を探し求めるように人間を導くのは、自分自身との一致への衝動」（SW VIII, 307 / GA I/3, 102）なのである。「まさしくこの衝動によって、自分自身と同じ種類の存在者と現実的に交互作用するようになって間もなく、自分と繋がりのある他者へと自らの思想を或る一定の仕方で示して、またその反対に、その他者から思想のはっきりとした伝達を受け取ることができる、というような望みが人間の中に生まれたにちがいない」（SW VIII, 308 / GA I/3, 10）と。こうしてフィヒテは「人間どうしが結びつくことによって、恣意的な記号によって我々の思想を互いに示しあう、という着想」つまり「言語という着想」が我々に生じるとし、それゆえ「自分自身の外部に理性適合性を見出すという人間の本性に基づく衝動のうちには、一つの言語を現実化するという特殊な衝動があるのであって、そして理性的存在者どうしがたがいに交互作用するようになるときには、この衝動を満足させる必要が生じるのである」（SW VIII, 309 / GA I/3, 103）と。このような「自己を伝達しようとする衝動は、新しく崇高な思想の際にこそ最も活き活きとする」とするフィヒテは、「我々の中には、構想力によって産み出される図式による感性的表象と精神的表象との合一が存在する」（SW VIII, 322 / GA I/3, 113）とするのである。

結　び

フィヒテは、自分の道徳的な立場に即して、芸術も含めた全ての価値を究極的には道徳的な価値に還元する。(23)『道徳論』第三一節「芸術家の義務について」において、フィヒテは「芸術は超越論的観点を通常の観点にする」役割を担うものであり、「世界は超越論的観点ではつくられるが、通常の観点では与えられている。世界は美的観点では与えられているが、世界がどのようにつくられたかという観点に沿ってのみ与えられている」（SW IV, 353f. / GA I/5, 307f.）とする。このフィヒテによる観点は、講義『新しい方法による知識学』(23)末尾において整理されており、「美的観点とは、それによって人が超越論的観点へと高まる観点である」（GA II/2, 266）とされ、美学は超越論的観点と通常の観点とを媒介する役割を与えられるものとなるのである(24)。

付　記

当研究に際して、大谷大学文学部哲学科助教の鳥越覚生先生に多くの御助言を賜った。衷心より感謝申し上げる。

註

フィヒテの引用はI. H. Fichte版全集とアカデミー版全集を用い、頁数はSW／GAの略号と共に、シラーの引用はNationalausgabe全集を用い、頁数はNAの略号と共に、それぞれ本文中に記した。カントの引用頁数についても、慣例に倣った。訳出に際しては『フィヒテ全集』（哲書房）各号所収の訳文や既存のシラー各邦訳書（草薙正夫訳『美と芸術の理論――カリアス書簡――』岩波文庫、一九七四年・小栗孝則訳『人間の美的教育について』法政大学出版局、一九七二年・石原達二訳『シラー美学芸術論集』冨山房百科文庫、一九七七年・浜田正秀訳『美的教育』玉川大学出版局、一九八二年）を参照した。ただし行論上の都合から訳文を変更している部分があり、御寛恕いただきたい。

（1）Schiller, F.: *Über die ästhetische Erziehung des Menschen*, 1795.

（2）Gadamer, Hans-Georg: *Wahrheit und Methode - Grundzuge einer philosophischen Hermeneutik*, 1960. In: Gesammelte Werke, 6. Aufl. Bd. 1. 1990, S. 87f. 中村美智太郎「シラーの調和的思考について――ガダマーの批判と美的思索のリアリティ――」、『倫理学年報』第五八集（日本倫理学会）、二〇〇九年、一七四―一七五頁を参照。

（3）Fichte, J. G.: *Einige Vorlesungen über die Bestimmung des Gelehrten*, 1794.

（4）Fichte, J. G.: *Grundlage der Gesammten Wissenschaftslehre*, 1794/95.

（5）Schiller, F.: *Kallias oder über die Schönheit*, 1793.

（6）Kant, I.: *Kritik der Urteilskraft*, 1790.

（7）Schiller, F.: *Über Anmuth und Würde*, 1793.

（8）『基礎』理論的部門の成立が一七九四年の秋（九月）、『美的教育』が一七九五年の冬から夏（一月、二月、六月）、そして『基礎』

実践的部門が一七九五年の夏（七月）である。

（9）Fichte, J. G.: *Versuch einer Kritik aller Offenbarung*, 1792. フィヒテの初期宗教論の衝動論の内容が、ラインホルト哲学における表象能力理論を踏襲するものであることについては、田端信廣『書評誌に見る批判哲学——初期ドイツ観念論の展相——』晃洋書房、二〇一九年、一六七—一六七〇頁を参照。

（10）Fichte, J. G.: *Das System der Sittenlehre nach den Prinzipien der Wissenschaftslehre*, 1798.

（11）Kant, I.: *Kritik der reinen Vernunft*, 1781, 1787.

（12）Schiller, F.: *Versuch über den Zusammenhang der tierischen Natur des Menschen mit seiner geistigen*, 1780.

（13）Kant, I.: *Kritik der praktischen Vernunft*, 1788.

（14）カントの立場を擁護する見地として、内田浩明『カントの自我論』京都大学学術出版会、第四章「カント実践哲学における感情の問題」、二〇〇五年、一三五—一七一頁を参照。なお本節で扱ったシラーの『カリアス書簡』と『優美と尊厳について』の内容について、詳しくは田端信廣『哲学的思惟と詩的思惟のインターフェイス——フィヒテvsヘルダーリン、ノヴァーリス、Fr・シュレーゲル』晃洋書房、第一章「Fr・シラーの美学思想の展開」、二〇二一年、一—二四頁を参照。

（15）Vgl. Kant, I.: *op. cit.*, 1788, AA V, 108ff.

（16）中村美智太郎、上掲論文、一八〇頁を参照。

（17）本節で扱ったシラーの『美的教育論』の内容について、詳しくは田端信廣、上掲書、第二章「『人間の美的教育』の理念」、二五—四二頁を参照。また、Matuschek, S.: *Friedrich Schiller: Über die ästhetische Erziehung des Menschen in einer Reihe von Briefen*.（Suhrkamp Studienbibliothek, 16: Text und Kommentar）, 2009, 2. Aufl., 2018のコンメンタールも詳しい。

（18）*J. G. Fichte im Gespräch: Berichte der Zeitgenossen*, hrsg. von Erich Fuchs in Zusammenarbeit mit Reinhard Lauth und Walter Schieche. Bd. 1, 1978, S. 272. Nr. 297. DAVID VEIT AN RAHEL LEVIN. Leibzig. 23. April 1795.

（19）Fichte, J. G.: *Praktische Philosophie*, 1794. 草稿「実践哲学」の内容については、子野日俊夫「初期フィヒテの美学思想」、『岡山県立大学デザイン学部紀要』第二巻、第一号、一九九六年、一〇三—一〇八頁を参照。

（20）Fichte, J. G.: *Über Geist und Buchstab in der Philosophie*, 1794. ここにおいて「衝動によって人間はそもそも人間なのであり、どのような人間であるかということは衝動の、内なる生の、そして努力の力と実働性（Kraft und Wirksamkeit）の大小に依存する」（SW VIII, 277f. / GA I/6, 341）と述べるフィヒテは、「衝動一元論的な人間論を構想しているように思える」との指摘がある。（田端信廣『書評誌に見る批判哲学——初期ドイツ観念論の展相——』晃洋書房、二〇一九年、一九六頁）。なおシラーが雑誌『ホーレン』への不掲載をフィヒテに告げる書簡については、NA 28, 19f., Nr. 20.を参照。グナイセは、「シラーが、美的衝動のフィヒテの理論は美の把握についての自分の教説と一致させられないという主張をするのは正当であることになろう」とシラーを擁護している。Gneisse, K.: *Schillers Lehre von der ästhetischen Wahrnehmung*, 1893, S.199.

（21）Fichte, J. G.: *Versuch eines erklärenden Auszugs aus Kants Kritik der Urteilskraft*, 1790/91.

（22）Fichte, J. G.: *Von der Sprachfähigkeit und dem Ursprung der Sprache*, 1795.

（23）Vgl. Breazeale, D.: *Against Art?: Fichte on Aesthetic Experience and Fine Art*, Journal of the Faculty of Letters, The University of Tokyo, Aesthetics, vol. 38, 2014, S. 37. Vgl. Acosta, E.: *Schiller versus Fichte: Schillers Begriff der Person in der Zeit und Fichtes Kategorie der Wechselbestimmung im Widerstreit*, Fichte-Studien, Supplementa, Vol. 27, 2011, S.260-263.

（24）Fichte, J. G.: *Wissenschaftslehre nova methodo*, 1798/99.

第四章
三宅剛一の人間存在論とフィヒテの道徳衝動論

序

「衝動（Trieb）」の概念は、三宅剛一の著作の中で表立って取り上げられていないが、三宅のフィヒテ哲学理解において「決定的な道具立て」[1]となっていることについては、一九四二年の講義ノート『ドイツ観念論に於ける人間存在の把握』（以下『把握』[2]）におけるフィヒテ講義『新しい方法による知識学』（以下『新方法』[3]）についての考察内容から明らかとなっている。

ここで三宅が一九六九年の実践哲学の主著『道徳の哲学』[4]において引用した、フィヒテ『人間の使命』[5]の一節に注目したい。

「良心は単にただ何かをなすべしと告げるのではなく、私の生のあらゆる特殊な位置において、何をなすべきかを告げる。それで私は私の生の特殊性の下において、自己の果すべき使命を通じて超感性的世界につながる。……良心の声は、各人にその特有な義務を課するが、その声はわれわれを無限者につなぐ Strahl であって、この光線をつたって、無限なるものからわれわれが出てきて、個別な存在者としてそこにおかれる」（『道徳の哲学』一二三―一二四頁。SW II, 299 / GA I/6, 293）。

三宅は一九四四年の未公刊原稿「歴史主義と近代ヨーロッパ」（以下『歴史』）[6]においてもこの一節に触れており（『歴史』九四―九五頁）、自らの哲学体系構築以前からこの内容の解明に取り組んでいる。本章は、この引用の背景となっているフィヒテの「イエナ時代」の道徳衝動論の基本構成と比較検証して、三宅の『把握』における衝動の分析について吟味するものである。

一　三宅『人間存在論』のフィヒテ理解

まず三宅「自らの体系構築の宣言書」[7]である、一九六六年の『人間存在論』（以下『存在』）[8]におけるフィヒテ哲学への基本理解を整理したい。『存在』序論において、三宅はヘーゲル哲学の基礎にフィヒテの自我論を見て取る。即ち「歴史は時間の形式における自己外化で、自然は空間の形式における自己外化である」（『存在』一〇頁）が、このヘーゲル特有の「空間と時間、自然と歴史とへの精神の外化」の思想は、「フィヒテの自我の弁証法」や「シェリングの自然及び歴史の Deduktion」において先取りされた。三宅はヘーゲル『精神現象学』[9]をふまえ、次のようにいう。

「ところで、フィヒテにおいて、自我が自我として現実に在るためには、自我に対立するものを生み出し、そうしてまたこの対立をのり越える（否定する）のでなければならない。自我の自我としての存立は、対立を定立して、これを否定する働きそのものである。（中略）フィヒテはここで実践を考えるのであるが、とにかく自我の存在そのものは矛盾とその超克（限りなく進む働きとして）を含む。すなわちそれは弁証法的である。精神現象学でヘーゲルが Ich=Ich の Gleichheit を、絶対否定性 absolute Negativität としているのは当然である。運動の原理としての否定性は、矛盾を含む働きとしての自我に由来するのである」（『存在』二〇―二一頁）[10]

三宅は『存在』第一章においても、この否定性は「純粋な主体性が現実的主体となるための本質的過程であって、これは内容的な相違にも拘らずフィヒテにおいてすでに確立せられている」とし、この運動を「自己否定的形成を通しての自己実現」（『存在』七八頁）と把握するのである。

二　フィヒテの道徳衝動論

次に三宅の立場を検証する準備として、予めフィヒテ『全知識学の基礎』（以下『基礎』）[11]から『道徳論の体系』（以下『道徳論』）[12]に至る彼の「イエナ時代」の道徳衝動論を概観したい。

フィヒテによると、実践の基礎には自我の「努力（Streben）」がある。知識学の三原則が呈示され、絶対的自我と理論的自我、そして実践的自我へと演繹的に自我が展開される『基礎』においては「事行（Tathandlung）」が哲学の最初に立てられるが、自我は認識においては自己を端的に自立的な、絶対的な自立性という特性をもつものとしては確証できず、表象の世界を改め自分の世界として認識しようと努力する。自我は実践的自我として、非我を自己の形象に沿って改めることで非我に対する自分の優位を表現し、認識されるべき反立的な非我を自己自身に依存させ、これを表象する自我を、自己自身を定立する自我と一致させようと努力する。この実践的努力が、『基礎』実践的部門で「衝動（Trieb）」として規定される（SW I, 287 / GA I/2, 418）。実践的自我は理論的自我と絶対的自我とを媒介し、自我の実践的努力は自我におけるこの有限と無限とを媒介者として合一する働きであって、感覚に連なる一方で理想に連なっていく[13]。

他方、『道徳論』においては、衝動は純粋衝動と自然衝動という二つの側面から考察される。超越論的観点からすると、この二者は一にして同じもの、即ち「原衝動（Urtrieb）」（SW IV, 130 / GA I/5, 125）として考察されねばならず、これこそが理性的存在者の本質を構成するが、この原衝動が二側面から分析されるのは、衝動を基盤として道徳論を実質的に確立するためであり、この意味で原衝動とは理想的自我と現実的自我との合致を目指す衝動である。こうして衝動は「道徳的衝動（der sittliche Trieb）」（SW IV / 151 / GA I/5, 141）へと展開するが、この道徳的衝動が自然衝動から素材を獲得して或る行為に向かって発現するとき、自然衝動は「道徳的衝動が向かうものと同じ行為へ、少なくとも部分的に向かう」。しかし、道徳的衝動は純粋衝動と同様に絶対的なものとして、「自分自身の外部にはいかなる目的をも持たずに」（SW IV, 152 / GA I/5, 143）、理性的存在者の全面的な独立性を要求する。その目的は「内的な自己充足」であり、道徳的衝動から自己充足が生じる。この道徳的衝動は、我々自身に対して定言命法を立てるようにと我々を駆り立てるものであり、フィヒテはカントの『道徳形而上学の基礎づけ[14]』を引き合いに出して、これはカントの所謂「自律」の再解釈[15]であるという。

このようなフィヒテの衝動論の基礎には、人間精神の有限性の見地がある。フィヒテのいう努力的自我の内には「障害（Anstoß）」（SW I, 210 / GA I/2, 355）や「不可能（Nichtkönnen）」（SW I, 289 / GA I/2, 419）との不断の対立や緊張関係があり、自我が自らの有限性をいかにして乗り越えるのかという課題がつねに自由を志向する実践的自我の根底に据えられている点に注意を要する。

三　三宅『把握』におけるフィヒテ理解の基本的立場

三宅は『把握』において、自我の有限性を代表する衝動は、「自我における非我的なもの」でありつつ、同時に「自由なる素材」として「自己形成の地盤をなすもの」とする。フィヒテは『知識学への第一序論』[16]の「いかなる哲学をひとが選ぶかは、その人がいかなる人間であるかに依存する」(SW I. 434 / GA I/4. 195) という言葉を通して、自らの哲学の実践的関心の根本に自我の自由と独立性があるとし、他方『道徳論』において「この哲学は自由にして独立なる自己を Boden とし得ない人間にとっては bodenlos だと思われる」(SW IV. 26 / GA I/5. 43) としたが、三宅によると、フィヒテ哲学は「哲学に対する態度そのものが実践的」であり、それは「人間そのものの内的革新」へと繋がるのであって、彼の哲学に向かう態度は「宗教的意味」をも含んでいる。三宅が強調するのは、フィヒテはカント哲学の見地から「自己の精神の光明を見出すと同時に自分の哲学的使命を自覚」すること、即ち道徳的実践における「人間の自主、自由と、叡智的世界の実在性に関するカントの認識」からフィヒテ哲学に「人間の使命、人間存在の意味を明かにするという課題が生まれて来た」ことであり、彼の哲学的思惟が終生一貫して、この課題の解決へと向けられたことである。三宅はフィヒテの思想的展開に二つの段階を認め、「イエナ時代」は「人間の道徳的存在を中心」とし、「ベルリン時代」は「宗教的存在の問題を中心」とするとして、この区別の境を一八〇〇年の『人間の使命』にみたが、本章では、フィヒテの道徳衝動論との関連から、比較検証の対象をこの内の前者、即ち「イエナ時代」に限定したい(『把握』一〇—一四頁)[17]。

それでは、三宅からみたフィヒテの「イエナ時代」の哲学の特性はどのような点にあるのか。フィヒテはカント哲学の体系化を目指し理論的自我と実践的自我の統一を企図したが、この統一の仕方の解明は実践的自我の存在が根本にある以上、自我が「純粋な活動性（reine Agilität）を本質とする」点に懸かっている。フィヒテによると、哲学は「自我と自我の働き」を知らなければならず、この「自分が自分の働きを知る知り方」とは「知的直観（intellektuelle Anschauung）、即ち「私が働くこと、またいかに働くかについての意識」である。[18] 三宅はこの知的直観を、「フィヒテ哲学の根本原理」[19] である事行と次のように関係づける。即ち、注意されるべきことは自我が根本的に実践的である以上、知識学でいう事実は「あるべき（soll）事実」、即ち「フィヒテの Idealismus は ethisch な Idealismus」である点にある。知識学でいう「知（Wissen）」とは「夢でない現実の意識」であり、「経験が知」であって、知識学は「Wissen の Wissen 又は学」である。フィヒテ哲学の目標はこの「経験の根拠」を示すこととなるが、この根拠は自我の働きに他ならず、知識学は自我の「相関した働き（Handlungen）の体系」となる。自我の働きと存在についていうと「自分が自分を考える働きそのものが自分」であるので、この「働くことにおいて自我の存在があり、働きとそれの所産とが同一」であって、これが「事行」である。そして、この「考える自分と考えられる自分」の「同一性を観る」こと、即ち「自己が自己を意識する意識の仕方をみる」ことが「哲学の直観、知的直観」である。三宅は、この純粋な事行としての自我が「現実意識の Grund」であり、この純粋自我の働きからどのような仕方で現実的意識が生じるかを示すことが知識学の課題であるという。三宅によると「自我の現実化は、自我が現実的な自我として自己を限定すること」に他ならず、「自我の現実性は自我が自ら働いて、その働きを通して実現したもの」であって、この「自我の現実化が現実意識の存在の制約」となる。この制約を自我の相関した働きの系列として哲学的に反省し自覚に齎すのが「知識学における Deduktion」であり、この演繹において「現実意識の先験的な Genesis」を示すことがフィヒテの目標である。三宅は「この構成的演繹は矛盾の総合的統一の過程として展開するとし、「かかる過程を全現実の制約たるに足りるだけの重要性において展開することが知識学の内容」となるとして、後に『存在』で開陳されるフィヒテ理解と同様に、この展開の方法こそが「弁証法」であるとする。フィヒテにあっては有限的自我も自我として存在する以上は「自己のうちに対立を越える純粋な活動としての自我の在り方」を保持せねばならず、このことは「その対立を克服して自我の同一性を実現する働きによって」のみ可能であるが、「しかしその働きの結果は対立の廃棄ではなく、他の対立の意識の出現となる」のであり、こうして「自我の生は対立とのたえざる戦い」となる。三宅はハイムゼートの解釈[20]をふまえ、この知識学の構成的演繹を「自我の弁証法的自己限定」と捉えて、知識学の展開は「この根本的な総合の中に含まれている契機を分析的に探り出し、それを体系的に自我の働きとして導き出すことに存する」とみた。(『把握』一五―二一頁)。三宅の洞察の焦点は、知識学の演繹的な展開を分析的に捉え直すことにあり[21]、この意味で『基礎』の演繹は、「主観客観一なる事行から主観客観対立する現実の自我に至る行動の一連の系列を示そうとする[22]」ものである。

四　三宅によるフィヒテ『基礎』の分析

さて以上から、つづいて三宅の分析を検証していく。三宅はフィヒテの『基礎』の内容を「フィヒテの真意」を理解するため再構成し、フィヒテのように『基礎』の理論的部門と実践的部門を分けて論じるのではなく、「実践的自我を基礎として」両部門を共に考察する。即ち「純粋な自我」は、「対立なき自己同一」であり「無限」であるが、「現実の自我」は「対立するもの」を意識し、それによって拘束される。この「対立するもの」を自我が「自己を拘束するもの」として意識するのは、「自我が本来の無限性に従って現実の有限性をこえて、その先にまで進もうとする傾向をもつから」であり、三宅はここに「自我の実践性」を認める。

三宅は、この実践的自我を努力、衝動、「感情(Gefühl)」、「生産的構想力(productive Einbildungskraft)」の四概念を中心に、分析する。即ち、現実には自我が対立するものを自らと一致するように規定することは、有限的自我にとって単なる傾向にすぎず、この傾向は単なる努力である。この努力は対立するものを規定しようとして抵抗されるが、三宅の分析によると「この自己にかえって来る」努力が衝動と規定づけられる。自我の実践的活動が制限されたところに努力も衝動も成立するわけであるが、この衝動は「自我のうちにある非我的なもの」で、感性的衝動としては「自我の行動を現実化する」ものである。そして、この衝動によって「自我の選び得る行動の範囲が示される」るので、衝動が「はじめて意識を可能にする」といえる。三宅によると、この衝動の意識されたものが感情であり、この感情が「感覚」である。こうしてフィヒテは感覚を「外からの触発」とする考えを放擲し、「自我の内的制限性に基づく」ものとするのであり、自我の活動はここで一つの「直観として発動」して「自我の制限」を対象化し、「直観化されたもの」は「自由な行為の目的設定の素材」となる。ここに至って三宅の分析において「重要な思想」と見做されるのが、生産的構想力である。即ち、直観は単に「与えられた対象の意識」にすぎないので、「客観的対象を可能にするもの」が必要である。それは「自我的なものを外に対象として投射する（projizieren）作用」としての生産的構想力であり、この働きによって、言いかえると「自我が自ら外に投出」した対象を「外に見る Hinschauenの働き」によって直観が可能となる。三宅によると、「この向こうに見る、Vor-stellen（前におく）作用」が知識学の根本にあり、「知覚すること」というのは「それ自身対象をえがき出す働き」、「自我の現実の制限に拘束された働き」である。感情というのは「主客未分」の状態であるが、生産的構想力の働きによって自我は感情から「客観的な直観に移り行くこと」が可能となり、この働きによって「客観界の成立は自我の作用に帰せられる」のである。三宅によると、「対象が現実に直観されるだけでは、それは自我の自由な目的設定（Entwerfen）を媒介することはできない」以上、自我の努力は現実のみにとどまらず可能的対象、即ち「理想」に向かう。こうして「理想の直観において自我は自らを自由と感じる」のであるが、しかし理想もまた現実によって「限定せられた直観」として与えられる以上、ここにおいて「制限と自由」とは「双関的」なのであって、感情は「実践的自我の制限された状態の意識」として「制限性の感覚」であると同時に、そこには「自由の感じ」も結びつく。「理想の設定」は「現実の定立」に随伴する「同様に根本的のもの」なのである（『把握』二三一―二五頁）。

五　三宅によるフィヒテ『新方法』の分析

以上の三宅によるフィヒテの『基礎』の分析は、フィヒテのいう感覚の内容面の考察であり、さらに感覚の形式面が考察されねばならない。その際に分析の対象となるのは「感性の体系」、「感覚するところの自我」であり、三宅は『新方法』の内容から「空間」と「時間」の形式にその照準を当てる。三宅によると、「私という特定の感性の体系」が「直観的対象として外に投射される」仕方で「私の身体」として空間中に現われる。空間とは「自我の活動性の純粋な可能性の面の外的投射」であり、「現実の個人的自我としての行動の制限性」が身体として直観される。身体とは「自我の現実的な制限性の表現」であり、意志作用としての「自我の内的な行動性は身体を通して感性的な力として働く」のである。この意志作用には「目的の表象」が必要であるが、「目的の実現には手段の実現が先行」しなければならず、現実化する意志活動は「目的に対する手段の系列にのび拡って」いき、「意志活動は時間的に拡げられた仕方で直観せられる」（GA IV/2, 120）こととなる。

ところが三宅の分析は、このような時間と空間の両観点を超出する仕方で『新方法』の根本問題に踏み込むものとなっていく。三宅によると、ここまで我々の意志は「感性的な対象と結びついてのみ意識」されており、「意志そのものとしての自我は対象化され」ない。この自我の「直観される直観」は「感性的な直観」とはいえず「知的直観」なのであり、ここに「純精神的な意志としての自我」が立ち現れるに至る。この「自我の根源的な実体としての意志はそのままでは意識されない」が、この意志を「反省の働き」によって意識する場合においても「この反省は全自我をそのまま捉え得ないで部分的に次々に把捉する」にすぎず、「この把捉の仕方によって本来超時間的な意志が時間化される」。このように「状態の継起」として時間化されて「意志が経験的な意志として」現われると、そこには「意識」や「感性的なもの」が成立することになる。こうして三宅の分析が問題とするのは、「この超感性的な意志に個人性があるかどうか。個人として自我は叡智的な意志の世界にすでに姿を現わしているかどうか」である。三宅によると、「自己の叡智的な自我」は「一つの定言的要求」として知的に直観されるが、現実の自我の限定には感情が伴うので、ここで当為は限定された当為として感情という制限の意識に結びつく。当為は限定された純粋意志であり、限定された当為に対して限定可能なものが思惟されることで、この限定された当為は「使命（Bestimmung）」として成立する。この限定可能なものとは「精神の王国」、即ち「個人としての多数の理性的存在者の集団」であり、この「可能な理性的意志の範囲から一つの特定の意志を自由につかみとる」ことで、「自我の自己制限において個としての自我」が成立する。三宅によると、一方で「個人としての自我の根源は限定せる意志である」が、他方で「それは現実の自我にとっては Sollen として意識せられる」のであり、これが「自己の使命」なのである。フィヒテにとって「自己の限定性は実践的な Aufgabe［課題］」であったが、自我の個性は「自我の intelligibel［超感性的］な個性」でありつつ、「経験的自我にとっては時間的意識を通して現象化される」ものなのである（『把握』二六―二八頁）。

結　び

三宅はフィヒテ哲学における人間精神の有限性の見地を、彼の『道徳論』よりもむしろ『新方法』の内で解明しようとした。三宅の分析は、その分析対象を衝動の概念から開始することによって、努力的自我が障害との不断の対立の中にありながらも、却って障害を一つの道徳的契機としつつ、自我がそれでもなお自由へと向かう局面として、即ち「絶対的な自己活動性への純粋衝動（Reiner Trieb zur absoluten Selbsttätigkeit）」を目指す局面として明確にするところに特徴がある（『把握』五七頁）。

三宅は『歴史』において、このようなフィヒテの「人間のうちに無限への衝動を認めた」思想は、「人間特有の創造的生が歴史を動かす力となっている」ことを認める立場から看過できないという。三宅によると「現実の自我が個人的な自我である」ことは『基礎』以来不変であり、『新方法』においても「人間の本質をなす叡知的意志そのものに個別性が属すること」が明確である。経験的な自我にとって「当為として意識される純粋なる意志そのものは限定されたもの」であり、「私は理性王国から自分でちぎり取った一部分」であって、自己の使命の自覚としての「自己意識はこの『ちぎり取ること』（Herausgreifen）においてはじまり、（中略）個性的限定はもはや単に経験的偶然的なものではない」のである。三宅はフィヒテの『人間の使命』において更に「精神の世界と個人との関係」が明確になるとして、「精神的世界を支配するものは無限なる意志である。（中略）しかしかの意志の我々への関係は当為の意識を通して明らかに示される。私は私の為すべきこと、多数の理性的存在者の系列の中での私の使命を知る」という。

「良心は単に我々が人間として何を為すべきかを告げるのでなく、私の特殊な位置において何を為すべきかを告げる。私は私の生の特殊性の下において自分の果たすべき使命を通じて、超感性的世界につながるのであるが、この世界そのものが多数の個性的なる意志の体系なのである」（『歴史』九五頁）。

本稿のはじめに取り上げた一節は、フィヒテが精神的世界と「有限な個我との形而上学的関係を示す」ために述べたものであるが、三宅は、『人間の使命』の中ではこの課題が未解決であるとシェリング宛の二つの書簡でフィヒテが自認する点[23]、並びにその要因が無神論論争にあったとする点に着目し、これが後の「ベルリン時代」において「絶対と個人との関係についての彼の形而上学にかかわる」問題に発展したという（『歴史』九二―九六頁）。この三宅による「ベルリン時代」のフィヒテ哲学の分析内容については、別稿において検証したい。

付記

当研究に際して、三宅剛一御子息で明治大学名誉教授の三宅正樹先生に多くの御助言を賜った。衷心より感謝申し上げる。

註

（1）湯浅正彦書評「三宅剛一著（酒井潔・中川明博編）『ドイツ観念論に於ける人間存在の把握』」、『フィヒテ研究』第一五号、晃洋書房、二〇〇七年、一二一頁。

（2）三宅剛一著（酒井潔・中川明博編）『ドイツ観念論に於ける人間存在の把握』学習院大学研究叢書三六、学習院大学、二〇〇六年。

（3）Fichte, J. G.: *Wissenschaftslehre nova method*, 1798/99.

（4）三宅剛一『道徳の哲学』岩波書店、一九六九年。

（5）Fichte, J. G.: *Die Bestimmung des Menschen*, 1800.

（6）三宅剛一「歴史主義と近代ヨーロッパ」、『人間存在論の哲学』京都哲学撰書第二三巻、燈影舎、二〇〇二年。この原稿の成立年については、酒井潔「西田幾多郎と三宅剛一――『歴史』ということをめぐって――」、『西田哲学会年報』第五号、西田哲学会、二〇〇八年、一二六頁参照。

（7）酒井潔「三宅剛一」、『比較思想研究』第二三号、北樹出版、一九九七年、一二七頁。

（8）三宅剛一『人間存在論』勁草書房、一九六六年。

（9）Hegel, G. W. F.: *Phänomenologie des Geistes*, 1807. ここで三宅はヘーゲル『世界史の哲学講義』（三宅は「歴史哲学講義」とする）にも言及している。Hegel, G. W. F.: *Vorlesungen über die Philosophie der Weltgeschichte*, Berlin 1822/23.

（10）Vgl. Hegel, G. W. F.: *Phänomenologie des Geistes*, 1807, PhB, 414. S. 526.

（11）Fichte, J. G.: *Grundlage der gesamten Wissenschaftslehre*, 1794/95.
（12）Fichte, J. G.: *Das System der Sittenlehre nach den Prinzipien der Wissenschaftslehre*, 1798.
（13）隈元忠敬『フィヒテ『全知識学の基礎』の研究』渓水社、一九八六年、二八七頁。
（14）Kant, I.: *Grundlegung zur Metaphysik der Sitten*, 1785.
（15）フィヒテによると、カントは「道徳性の素質によって」理性的存在者は「自分の外部のものとのいかなる交互作用にも全く依拠しない、自立的で独立的なもの、専ら自分だけで存立するものとして顕示する」（SW IV, 155 / GA I/5, 145.）とした。
（16）Fichte, J. G.: *Erste Einleitung in die Wissenschaftslehre*, 1797.
（17）三宅は、「この区別はある程度まで形式的でしかない」とする。
（18）Fichte, J. G.: *Zweite Einleitung in die Wissenschaftslehre*, 1797. Vgl. SW I, 463 / GA I/4, 217.
（19）隈元忠敬書評「三宅剛一著（酒井潔・中川明博編）『ドイツ観念論に於ける人間存在の把握』」『ヘーゲル學報』第七號、京都ヘーゲル讀書會、二〇二〇年、一一九頁。
（20）Vgl. Heimsoeth, H.: *Fichte*, Geschichte der Philosophie in Einzeldarstellungen, Abt. 7. Die Philosophie der neueren Zeit I: Bd. 29, 1923, S. 111.
（21）三宅は『存在』における自分の哲学的方法を「現象学的方法」、「開放的、作業的方法」（『存在』一頁）としている。これに対してフィヒテの哲学的方法については、酒井潔「三宅剛一のフィヒテ講義」、『フィヒテ研究』第一六号、晃洋書房、二〇〇八年、一九〜三五頁参照。
（22）隈元忠敬、同、一二〇頁。
（23）一八〇〇年一二月二七日付（GA III/4, 406f.）と、一八〇一年五月三一日付（GA III/5, 43-52.）の両書簡。

第五章

三宅剛一によるフィヒテの『人間の使命』批判の意義

序[1]

下村寅太郎（一九〇二—一九九五年）は三宅剛一（一八九五—一九八二年）の「哲学者としての最も顕著な特色」を「きわめて強靭な批判的精神[2]」のうちに捉えたが、この三宅の批判的精神は、『ドイツ観念論に於ける人間存在の把握』（一九四二年、以下『把握[3]』）におけるフィヒテ（一七六二—一八一四年）哲学の分析においても如何なく発揮された。ここにおいて展開された三宅の厳格な分析が浮き彫りにしたことは、湯浅正彦氏も指摘するように「事行（Tathandlung）」を出発点とするイェーナ期のフィヒテの哲学が、「経験的意識と結びついた個人的自己意識の成立をあとづけ之を理解する」という知識学の課題を解決する上で、「衝動（Trieb）」の概念を決定的な道具立てとしていたという事実であった[4]。

この三宅の『把握』におけるフィヒテの哲学への分析は、イェーナ期における「衝動」から無神論論争期の終局における「良心の声」をめぐる思索へと向かった。フィヒテは彼の思想的展開のイェーナ期からベルリン期への転換点に位置する通俗的著作『人間の使命』（一八〇〇年[5]）において「良心の声は、各人にその特有な義務を課するが、その声はわれわれを無限者につなぐ Strahl〔光線〕であって、この光線をつたって、無限なるものからわれわれが出てきて、個別な存在者としてそこにおかれる」（『把握』六七頁）と述べたが、三宅はフィヒテの哲学に言及する際に度々この言葉を取り上げた。(6)

そこで本章では、フィヒテの哲学に対する三宅の批判の特徴をニヒリズムの観点から考察し、このフィヒテの『人間の使命』批判の意義を検証することを目標に、『把握』において三宅がフィヒテの哲学を解釈する独特の観点を考察して、三宅の思想形成の上でこの分析が果たした役割を吟味する。その上で後に三宅が『道徳の哲学』（一九六九年）において示したフィヒテ哲学への解釈とニーチェ（一八四四—一九〇〇年）哲学へのそれとを比較して、三宅が無神論論争期（一七九八—一七九九年）の終局におけるヤコービ（一七四三—一八一九年）とフィヒテの対決を吟味することから得た知見を、この『人間の使命』を批判する視点から、どう展開したかを検証し、最後に、三宅による哲学的分析を俯瞰的な視点から捉え直して、三宅の思想的傾向を考察したい。まず次節ではその準備として、三宅の『把握』への酒井潔、湯浅正彦、隈元忠敬の各氏の評価を参照して、三宅の思想形成の上でフィヒテ解釈が果たした意義をどのように考察するべきか、予めみて取ることとしたい。

一　フィヒテ解釈からみた三宅の『把握』の位置づけ

まず酒井氏によると、一方で「三宅の学風としては、方法的な面では、『学としての哲学』の理念の追究、西洋の原典の厳密な読解、そして論理の飛躍や主観的心情の混入への厳しいまでの禁欲などが挙げられる」が、しかし他方で「内容的な面をみると、三宅哲学そのものの拠って立つ立場として、そこに最初からリアリズム・ペシミズム・リゴリズムという傾向が見え隠れしていることもまた否定できない(7)」側面をもつ。だが三宅によるフィヒテ哲学への分析については、当然ながらフィヒテの思想について長短両方の指摘があるものの、それが結語としては肯定的評価となっている点が注目される。即ち酒井氏は、フィヒテが「個我も含めて事実的で実証的なものに耳を傾けない」短所をもつ一方で「倫理的な厳しさをもつ精神的生の立場を打ち出し、しかも正面から生を肯定したこと、そしてフィヒテ自身も稀な誠実さをもってそのように生きたことが彼の哲学を魅力あるものにしている」と、三宅が彼の思想上の長所に着眼点を置きながら結んだ点を強調している（『把握』xiii頁および一〇二頁参照）。酒井氏によると、三宅の「人間存在論」の先駆けとして彼のフィヒテ講義である『把握』は三宅にとって非常に重要な意義をもつものであったのであり、即ち「自我の無限なる努力から、現実の個々の自我の意識の発生を演繹しようというフィヒテの理論的試み」は、「自我の実践的努力の課題にこそ個性」があるとみるものであって、「その理念的個性を実現すべくフィヒテ自身もそのように生きたという点を三宅は評価し共感する」のである。(8)

次に湯浅氏によると、三宅の『把握』における分析はフィヒテの『新方法による知識学』(9)について「その叙述の微細な襞にまで眼差しを注ぎつつ徹底的な読解の作業を展開している」ことにおいて、「テキストに肉薄する三宅の思考力の逞しさ」が顕著に表れている。しかし「テキストのディテールを、執拗と言いたくなるほど徹底的に吟味しつつ、ときに鋭く自問し自答しながら進行する三宅の論述」は、決して「単純な概括や要約をすることで対応できる代物ではない」のであって、「読む者に、当該のテキストを自ら読解し解釈することをつうじて論判することを要求するような論述」といわねばならないものとなっている。(10)むしろ『新方法による知識学』について、フィヒテが「無限なるものの限定によって有限な意識が成立すると考えることはアウグスティヌス――マールブランシュ――Mystikに共通」（『把握』一五五頁）すると注記する三宅は「哲学史研究の泰斗」と呼ぶにふさわしく、彼が「フィヒテの倫理的観念論」は「個物を神的普遍の限定とする古来の神秘主義的形而上学の思想に通じる」（『把握』五六頁）と指摘する点に注目がなされる。(11)それでは三宅からみて、フィヒテの哲学は何故に神秘主義であると断じられる必要があったのであろうか。

さらに隈元氏によると、「三宅は、現実の個人を、自我の根源に反省して全体的視野において理解する」のであって、「この全体的視野という観点は三宅の論述全体を一貫する」ものである。三宅は『把握』において分析上「一つの事態を明らかにするために、それに反対の視点を対立させたうえで、両者を包括する立場を捉え、ここから両者を俯瞰するという手法」を採用しており、たとえばフィヒテのイェーナ期哲学の「実践的自我における努力の概念」の分析の場合でいうと、次のように考えられる。即ち「三宅によれば、もともと努力は与えられたもの、限定されたものを越えようとする欲求である。同時にこの欲求は現実の外のもの、可能的なもの、いわば理想に向かう。理想の直観において自我は自己を自由と感ずる。かくして限定された現実に対立して理想がなりたち、制限に対立して自由がなりたつ。これを包括する全体的観点が努力の真相なのである[12]」と。隈元氏は、三宅の『把握』が「三宅のフィヒテ研究であると同時に、フィヒテを通じて三宅自身の哲学を語っている」と考えられるとし、「そのためにフィヒテに対する深い洞察とともに、鋭い批判も見られる」点に着目する。そしてフィヒテの『人間の使命』の分析において、「超感性的世界において多数の独立な意志が無限な意志の媒介によって相互に結びつくという観点に関して、三宅は精神的世界の全体性の在り方についてのフィヒテの思索の不十分を指摘」するとして、『把握』の「無限なる意志を考えるのは一つの飛躍」(『把握』六八頁)であるという批判を引き合いに出す。この観点については、先の湯浅氏の指摘と関連するものである。

このように三宅によってフィヒテの哲学に向けられた哲学的分析の怜悧な眼差しは、「西洋哲学についての真に透徹した、正しい理解[13]」を追究した厳格な吟味によるものであるが、しかし他方で酒井氏のいうように、三宅の徹底した分析のなかにはフィヒテの哲学的姿勢への共感も窺えるところがあり、必ずしも批判一辺倒のものでもないこともたしかである。この三宅のフィヒテへの共感は、一体フィヒテの哲学のどのような点に由来するものであろうか。本章のおわりに考察したい。

二　ニヒリズムの観点からみた三宅のフィヒテ批判の意義

さて、ヤコービがフィヒテの「Idealismus〔観念論〕はNihilismus〔ニヒリズム〕」であると批判するとき、そこにおいて問題となるのは、その実在をわれわれは決して知ることができないという絶対的な不可能性のうちにある神の存在について、一体どう哲学は扱うべきであるのか、ということである。

中川明才氏によると、フィヒテの哲学を「無神論やニヒリズム」とみなすヤコービの批判へのフィヒテの回答には限界があり、無神論論争期における哲学上の重大な問題として、フィヒテの哲学における「神の不在（Gottlosigkeit）」の問題をどのように捉え直すかということが課題として残されることとなった[14]。

この問題についてヤコービは、「無神論」や「神秘主義」という非難が時代を超えてつねに哲学に投げかけられるのは、哲学が不遜にも「自らを精神でもって自然を超えて高めようとか、自らが自然である限りの自分自身を超えて高めようとかいう気持ち」に人を誘おうとするからである[15]としており、ヤコービはフィヒテの知識学を「ただ自己自身をもてあそぶ空虚なSpiel〔遊戯〕」にすぎないと断じ、その立場は「Realität〔実在性〕に関するNihilismus」であると批判した。これに対してヤコービの立場は、この「実在する真なるものは知られるのではなく感ぜられる」のであり、神の実在についても「真なるもののAhnung〔予感〕」を抱くことができるだけであるというものであった（『把握』六四頁）。

三宅の『把握』の分析も、このフィヒテの哲学における神の不在の問題を視界に収めている。即ち、三宅は「何物をも意志しない空虚なSelbstständigkeit〔自立性〕及び自由を、an sich Gutes〔自体的善〕をみる見方が

Gottlosigkeit［神の不在］」（『把握』六四頁）であるとヤコービのフィヒテへの批判を要言するが、ここにおいて問題なのは、三宅が『把握』においてフィヒテの知識学の演繹的な展開を分析的に捉え直して、[16]無神論論争期の終局におけるヤコービとフィヒテの対決の検証へと進んでいった結果、神の不在の哲学体系が成立する可能性を追究する先駆けとなるニヒリズム哲学への開扉として、フィヒテのイェーナ期哲学が浮かび上がるということである。言い換えると、フィヒテの知識学の演繹における「現実意識の先験的な Genesis［生成］」を示すという目標設定が、「矛盾の総合的統一の過程」ないし「自我の弁証法的自己限定」という「構成的演繹」の展開のなかで、そのうちに神が不在のままで哲学体系が完成する可能性を示唆するもの、あるいはその可能性の諸条件を提示することを目指すものとみなし得るものとなったことである。ヤコービがフィヒテ哲学に向けて神に対する不遜な態度、あるいは神への不敬虔さを指摘するのも、そのうちに神の不在の問題を等閑視し、自らの哲学の埒外に置く態度を観取するからであるといえる。

後に三宅は自らの実践哲学の主著『道徳の哲学』（一九六九年）において、フィヒテが『新方法による知識学』の段階において「当為について個別的な当為を考えている」ことを指摘した[17]のち、一八〇〇年以降のフィヒテのベルリン期哲学を分析した上でフィヒテ哲学の哲学史的な意義を総括するのであるが、実際三宅の哲学史研究のなかにおけるこのニヒリズムの問題への眼差しが、フィヒテの哲学がニーチェの思索へと繋がる可能性を窺わせるものとなっていく。つづいて次節では、このニヒリズムの問題にかかわる観点から、三宅の『道徳の哲学』におけるフィヒテ解釈とニーチェ解釈とを比較考察したい。

三　三宅の『道徳の哲学』におけるフィヒテとニーチェの思想上の比較

ところで、三宅は『道徳の哲学』でフィヒテ哲学を批判しつつも、そのなかからニーチェ思想との比較という自らの関心から肯定的な側面を引き出す。即ち、各人が「それぞれに自己に固有の使命を実現する個人の共同体というフィヒテの思想は、全く概念的な構成である。それは、現実的な個人が人格としてあり得る可能な在り方を示したものとして理論的な価値をもつが、人間の歴史的社会的現実に対しては、全くイデーとしての意味をもつだけである。その見地からみるならば、フィヒテの理論は浪漫的観念論である」とする一方で、しかし「フィヒテの論において、私が最も注目したいのは、人格的個人が一つの創造されるべきものの意味に解せられている点である[18]」という。

ニーチェの思想を「反道徳的であるにも拘わらず、否むしろその故に最も道徳論的であった[19]」と評する三宅は、「ニヒリズムの到来」を述べるニーチェが「『神が死んだ』といって神が無いといわないこと」に注意が必要であるとしつつ、ニーチェが「人間存在を意味づけるもの」として「創造的人間の思想を提起する」とし、この「創造的人間は超人の思想につながる[20]」という。そのうえで三宅は、『力への意志』から次のように引用する。

「Das Individuum は、ある全く新しいもの、新しくつくられるもの、すべての行為を自己独自のものとする或る絶対的なものである。彼の行為に対する価値を、各個人は結局自分自身からとって来る。というのは、伝承された言葉をも自分で全く個人的に解釈しなければならないから。彼は公定方式を創り出しはしないとしても、方式の解釈は少なくとも各人的（persönlich）であり、解釈者として彼はやはり常に創造する人である[21]」

三宅はこの「自分を人格にまで造り上げる」というニーチェの思想と関連させて既に「フィヒテに、個人の現実的存在をつくり出すという思想があったこと」を指摘し、[22] フィヒテの思想とニーチェのそれとを比較考量して「個としての自我の選択的確立をフィヒテは使命の思想に結びつけた。ニーチェが生の根源に還帰する創造者としての人格を考えたことは、フィヒテの『見えるようにする』というキリスト教を通した一種ギリシア的観方に対して、創造の冒険性を示したものとして、フィヒテの思弁的合理主義に欠けていたものを提示している」[23] と結論づけた。このように両者の思想上の比較を可能にする準備的分析として、三宅による再三にわたるフィヒテの『人間の使命』への論及と『把握』におけるヤコービとフィヒテの対決への分析があったわけである。

結び

最後に俯瞰的な視点から三宅の思想的傾向をみて、本章を終えたい。

下村寅太郎によると、三宅の批判的精神は「我々の代表的な体系的な思想家」である日本の哲学者にも及ぶものであって、三宅は敬意を払いつつも「これらの哲学はいずれもひとしく西洋の哲学のように『存在の哲学』ではなく『こころ』の哲学であって、一途に究極的なものをめざし、それについての考え方の十分な基礎づけなしに、一挙に究極的なものに飛躍し、思想を凝結せしめる」と批判した。[24] このように批判的見地をとる三宅にとって、フィヒテの『人間の使命』の内容は、この日本の哲学者諸氏に向けられた批判内容と同様に、基礎づけのない飛躍を伴った不十分な叙述に止まるものであり、また三宅の「popular〔通俗的〕なものを書くことを欲しなかった」考え方の厳格さからいうと、無神論論争を承けて執筆された通俗的著作であるというフィヒテの『人間の使命』の成立事情を鑑みても、三宅にとってフィヒテの叙述は満足のいくものとはならなかった。

こうして三宅の強靭な批判的精神は、彼の精緻な分析が「道徳衝動」から「良心の声」へと展開し、このフィヒテの通俗的著作に向けられた際にも、穏やかなものとなることがなかった。それでは三宅が『人間の使命』における良心の声をめぐる言葉に、一九四二年の『把握』から一九六九年の『道徳の哲学』に至るまで注目しつづけた理由は何であったといえるであろうか。

三宅によると、「フィヒテにあっては真理の内容そのもの」が「実存的」であり、「哲学はつねに生そのものに於ける自由による自己決定と相関的なもの」である。この点については、たしかに三宅の考えにおいてもフィヒテの哲学的姿勢に共感するところがあるのであろう。しかしながらフィヒテは「自分のうちに論理的思惟と、生を通しての真理の体得との互いに規定し合う二つの要求」をもっており、「この内容と形式とが十分融合していない」(『把握』一五五頁)点に問題点を残していると、三宅はいう。下村によると、三宅は「人間の全き充足が一般に可能であるか、またいかにして可能であるか、これを人間存在の究極の可能性の問題として、道徳、芸術、宗教についてその可能性を考えようとして」いたので、『人間存在論』[25]の続編として『道徳の哲学』と『芸術論の試み』[26]を上梓したが、ついに彼の論考は「宗教論に及ぶことができず」[27]に終わった。

三宅は、カントの『実践理性批判』に触れて哲学的使命を自覚したフィヒテが「人間の使命」(『把握』一三頁)を人間存在の意味として明確にすることを課題としたことに着目したのであるが、後の『道徳の哲学』においてフィヒテの思索から特にニヒリズムの観点に注目してニーチェの思想への展開を考究した三宅の見地を鑑みるとき、三宅はフィヒテの『人間の使命』を批判的に吟味することを通して、自らの宗教的思索を展開していく手掛かりの一つを掴もうとしていた[28]といえよう。

付記

当研究に際して、三宅剛一御子息で明治大学名誉教授の三宅正樹先生に多くの資料の御提供と御激励を賜った。また、ニーチェ思想の理解については、帝京科学大学教授の内藤可夫先生と龍谷大学准教授の竹内綱史先生に多くの御助言を賜った。衷心より感謝申し上げる。

註

フィヒテのアカデミー版全集からの引用については、Fichte, J. G.: *Gesamtausgabe der Bayerischen Akademie der Wissenschaften*. Friedrich Frommann Verlag, 1962-2012. の系列数・巻数・頁数をGAの略号とともに、またニーチェの批判版全集からの引用については、Nietzsche Werke: *kritische Gesamtausgabe*, Walter de Gruyter, 1967- の巻数・頁数をそれぞれKGWの略号とともに注記した。

（1）本章は、比較思想学会第四八回大会（二〇二一年六月、オンライン）における研究発表「三宅剛一の人間存在論とフィヒテの道徳衝動論」を承けて行った同第四九回大会（二〇二二年六月、信州大学）における研究発表「無神論論争から神秘主義へ——三宅剛一のフィヒテ批判——」の内容を、俯瞰的な視点からみて総括するものである。

（2）下村寅太郎「故三宅剛一会員追悼の辞」、『エッセ・ビオグラフィック』、『下村寅太郎著作集』第一三巻、みすず書房、一九九九年、四五九頁。昭和五七年一二月一三日、日本学士院総会において下村は、西田幾多郎らの努力によって「体系的建設の道」に踏み出し得た日本の哲学を「それ自身の地盤において、反省と批判を経過せねばならない」とする三宅の哲学者としての批判的精神のもつ特色を、「批判的性格は単なる性格に止まるものでなく、この意味での又このための使命を自覚した建設的な批判であった」と評している。

（3）三宅剛一（酒井潔・中川明博編）『ドイツ観念論に於ける人間存在の把握』学習院大学研究叢書三六、学習院大学、二〇〇六年。

（4）湯浅正彦書評「三宅剛一著（酒井潔・中川明博編）『ドイツ観念論に於ける人間存在の把握』」、『フィヒテ研究』第一五号、日本フィヒテ協会、晃洋書房、二〇〇七年、一二一頁参照。この衝動の概念に注目する観点からの三宅の分析の詳細については、玉田龍太朗「三宅剛一の人間存在論とフィヒテの道徳衝動論」、『比較思想研究』第四八号、比較思想学会、北樹出版、二〇二一年、六八—七五頁参照。

（5）Fichte, J. G.: *Die Bestimmung des Menschen*, 1800.

（6）ほかに一九四四年の未公刊原稿「歴史主義と近代ヨーロッパ」、三宅剛一（酒井潔編）『人間存在論の哲学』京都哲学撰書第二

三巻、燈影舎、二〇〇二年、九四—九五頁と一九六九年の『道徳の哲学』、岩波書店、一二三—一二四頁。

（7）酒井潔「三宅剛一」、『比較思想研究』第二三号、北樹出版、一九九七年、二八頁。

（8）酒井潔「三宅剛一のフィヒテ講義」、『フィヒテ研究』第一六号、日本フィヒテ協会、晃洋書房、二〇〇八年、二五—二六頁。

（9）Fichte, J. G.: *Wissenschaftslehre nova method*, 1798/99.

（10）湯浅正彦、前掲書評、一二五頁参照。

（11）湯浅正彦、前掲書評、一二三頁参照。

（12）隈元忠敬書評「三宅剛一著（酒井潔・中川明博編）『ドイツ観念論に於ける人間存在の把握』」、『ヘーゲル學報』第七號、京都ヘーゲル讀書會、二〇二〇年、一二六頁。

（13）三宅剛一『学の形成と自然的世界』みすず書房、一九七三年、viii頁。一九四〇年の初版（弘文堂）の序にある言葉。

（14）中川明才「無神論論争期における超越論哲学と宗教」、『フィヒテ研究』第一五号、日本フィヒテ協会、晃洋書房、二〇〇七年、八〇頁参照。

（15）GA III/3, 249.

（16）玉田龍太朗、前掲論文、七一頁参照。

（17）三宅剛一『道徳の哲学』岩波書店、一九六九年、一二三頁。

（18）同、一三二頁。

（19）同、一三五頁。

（20）同、一三七—一三八頁。

（21）同、一三八—一三九頁。Nietzsche, F.: *Wille zur macht*. §767, KGW VII-1. 705, Winter 1883-1884.「力への意志」の思想は、一八八〇年代のニーチェの遺稿のなかに、断片的に残された。

（22）同、一三九頁参照。

（23）同、一四二—一四三頁。

（24）下村、前掲書、四六〇頁参照。批判の対象とされた日本の哲学者として「西田、田邊、高橋の諸家」ということで、西田幾多郎、田邊元、高橋里美の三氏の名前が挙げられている。

（25）三宅剛一『人間存在論』勁草書房、一九六六年。

（26）三宅剛一『芸術論の試み』岩波書店、一九七三年。

(27) 下村、前掲書、四六一頁。
(28) 隈元氏は、「フィヒテが人間の精神性を重視して、自然を軽視し、ないしこれを眼中におかなかったことは、従来あまねく非難の的であった。しかし三宅は一面これに賛同しつつも、フィヒテ自身はひたすら自己の内面に眼を向け、一切をそこに収斂したと弁護する」として、「生の把握が英知的にすぎる」のはむしろフィヒテの哲学の「長所」であるという。フィヒテの宗教的見地についていうと、「いわば一切が理性に吸収されて、理性そのものとなった境地は仏教的な『唯識無境』の観点に通ずるものであり、フィヒテの悟得の深さをうかがわせるに十分である」とのことである。隈元、前掲書評、五三九頁参照。

第六章

無神論論争から神秘主義へ
——三宅剛一のフィヒテ批判

序

三宅剛一は『ドイツ観念論に於ける人間存在の把握』(一九四二年、以下『把握』)において、フィヒテがどのように「人間存在の意味」(『把握』一三頁)を究明したかを考察する際に、彼の思想上の「転機」(『把握』五八頁)となった通俗的著作『人間の使命』(以下『使命』)[1]の分析を重視した。カントの『実践理性批判』[2]に触れて「哲学的使命」を自覚したフィヒテは、彼のいう道徳的実践を通した「人間の自主、自由」と「叡智的世界の実在性」に関する認識を把握し、カントが切り開いた新世界を独自の仕方によって捉え返して、「人間の使命」を人間存在の意味として明確にすることを哲学的課題とした(『把握』一三頁)。後に三宅は自らの実践哲学の主著『道徳の哲学』(一九六九年)においても『使命』に注目し、「良心の声は、各人にその特有な義務を課するが、その声はわれわれを無限者につなぐStrahl〔光線〕であって、この光線をつたって、無限なるものからわれわれが出てきて、個別な存在者としてそこにおかれる[3]」との言葉を取り上げている(『把握』六七頁)。

三宅は『使命』執筆の動機として、フィヒテがイェーナからベルリンへと赴く原因となった「無神論論争

（Atheismusstreit）」に注目する。一七九八年『哲学雑誌』（*Philosophisches Journal*）掲載のフォルベルク（一七七〇―一八四八年）による無神論的論文「宗教概念の発展について」[4]の内容擁護の意図から、フィヒテは神を道徳的世界秩序とする論文「神の世界統治における我々の信仰の根拠について」[5]（以下「信仰の根拠」）を同時掲載したが、結果フィヒテは翌年イェーナ大学を去ることとなった（『把握』五八頁）。三宅によると、フィヒテの「イェナ時代」[6]の哲学が「人間の道徳的存在を中心」にしていたのに対し、「ベルリン時代」の哲学は「宗教的存在の問題を中心」にし、この両者の境は『使命』の内にある（『把握』一四頁）が、この無神論論争の経験からフィヒテは「宗教への深い内省」（『把握』五八頁）へと導かれており、前者では「宗教を道徳に基づける」のに対して、後者では「宗教的生を基として道徳を考えている」（『把握』一五五頁）。既に無神論論争期にフィヒテ自身は「真の無神論」とは、自分の行為に「好結果を見込める」までは「良心の声に従わず」に「自分自身の忠告を神の忠告よりも上に置き、自分自身を神たらしめることにある」（GA I/5, 354）としたが、一七九九年にベルリンに移った後、Fr・シュレーゲル（一七七二―一八二九年）を通じたロマンティカーとの交流の中で宗教への内省を促され、彼に思想上の転機が準備された。こうして一八〇〇年の『使命』は彼の「後期の思想の発酵の状態」を示すと同時に、それは前者と比較して後者が「著しく宗教的神秘主義」（『把握』五八頁）となるきっかけをつくったのである。

三宅はこのフィヒテの思想転回に最大の影響を与えたのは、「Idealismus は Nihilismus」（『把握』六四頁）であるとしたヤコービによるフィヒテ哲学への批判であるとみる。そこで本稿では三宅によるヤコービとフィヒテの哲学の比較分析から、『使命』を執筆するに至ったフィヒテの思索をカントが「人間における内的法廷の意識（Das Bewußtsein eines inneren Gerichtshofes im Menschen）」および「その行為のゆえに神の前に果たすべき責任の主観的原理」として考えた「良心（Gewissen）」[7]の概念とともに考察したい。

一　三宅によるフィヒテ哲学の二側面からの区分

三宅によると、イェーナ時代のフィヒテ哲学においては「実践的努力の目標」として「絶対の自由」が根本にあり、道徳的実践を通した「それの実現に近づくべき理想としての無限者の理念」という見地が強調されたが、ベルリン時代は「精神的生の源泉或いは根源」として「絶対者の考え」が根本にあるため、「絶対者の根源的生」を通した「現世をこえた永遠に参入合一する」という見地が強調された（『把握』五八頁）[8]。三宅は、前者の中心問題は「自我に於ける有限と無限との関係」であり、ここに次の二つの局面をみる。一つは無限な自我の「自己制限」による「主観客観の対立する有限な現実意識の成立に関する」局面であるが、この局面で課題とされている知識学の「先験的演繹の主題」[9]は「意識成立の制約」である。もう一つは有限な自我の「実践的活動」による「絶対自由な自我に近づく」局面であるが、「理念としての自我」[10]に現実の人間は到達することができないので、この「理想を目ざして進むところに人間の使命（Bestimmung）」がある。三宅によると、この人間の「実践的理想と可能性からみるところに人間存在に関するフィヒテの Idealismus が存する」のであり、イェーナ時代においては「人間の個人性はただ人間の有限性に伴う免れがたい制限」として「ただ超克さるべきものとして消極的」にみられるにすぎない。それゆえイェーナ時代の見地は、「客観の自然界の存在」を単に人間の「道徳的な行為の素材」として捉えるだけの立場、即ち「ただ一般的理性的なものにのみ価値をおき、個別的なものをただ偶然的なものとする啓蒙的合理主義の立場」である。三宅はここにイェーナ時代のフィヒテ哲学の課題を見出し、「人間のうちに無限に近づこうとする Trieb〔衝動〕- unendlicher Trieb を認める」考え方は「啓蒙主義的な個と一般との関係に入りきらないもので、それはすでに Romantik の考え方である」が、フィヒテは「ただ個性を個性として根源性を認めるのではない」ので、この個性は「理性的ということを離れない」とする（『把握』六〇—六二頁）[11]。

更に、晩年に至るまでフィヒテが学者の果たすべき役割を強調したように[12]、彼が通俗的著作・講演と学問的論述とを区別する側面にも注意を要する。三宅によると、前者は「人間の自然的な真理感覚に訴える」が、後者は真理を「精神のうちに生成産出」させるものであり、両者の区別は「faktische Evidenz〔事実的証明〕」によるか「genetische Evidenz〔発生的証明〕」によるかという点にある[13]。三宅はこの区別にフィヒテ哲学の「理想主義的」側面と「先験的論理的」側面とをみて[14]（『把握』五九頁）、『使命』は前者に関わるとする[15]。フィヒテは「イェナ期の終り頃」すでに『新しい方法による知識学』[16]において、「人間の超感性的本質たる意志」に「個的限定性」ないし「叡智的な個性」を考え、「人間の個別性」における「当為的な課題」を「個別化の原理」と捉えたが、三宅はフィヒテが二通のシェリング宛書簡、即ち一八〇〇年一二月二七日付の書簡（GA III/4, 406-407）[17]と、一八〇一年五月三一日付の書簡（GA III/5, 43-52）とにおいて、知識学に「叡智的世界の超越論的体系」（GA III/4, 406）、とその「完成（Vollendung）」（GA III/5, 45）の欠如を認めたことに注目して、知識学においては「まだ個の組織ある全体としての Geisterwelt〔精神世界〕がはっきりと考えられていない」（『把握』六二頁）とし、精神世界の統合という「最高の統合」が未達成であることをフィヒテが自認するという。そして、たしかに『使命』においても叡智的な精神世界と個人の問題が究明されようとはしているが、それは基礎づけのない主張にとどまると批判する。フィヒテは『使命』を「疑（Zweifel）」「知（Wissen）」「信（Glaube）」の三章から展開して、とくに知と信とを対照し、知が単に「像（Bilder）」を与えるにすぎないのに対して、信、即ち「良心の声」は「我々に実在を示す」とした。この良心が個別的に当為を示し、個人を「超感性的な世界につなぐ」のであり、この良心の声に応じる仕方で個人は「何等感性的なものに影響せられない純粋に理性的なる意志によって純精神的な Ordnung〔秩序〕に属する」のである。有限者は単に「理性世界（Vernunftwelt）そのもの」のうちに生きるだけではなく、同時に「感性的秩序」のうちに生きるのが必然的であるので、「有限者の意志は理性活動と同時に何等かの物質的世界での目的をもつ」。三宅は「この物質的世界の動きを支配する法則は自然法則であるが、精神的世界を支配する法則は何であるか」と問い、ヤコービが自らの学問的論述である知識学に与えた批判に、フィヒテは通俗的著作の『使命』で応答しようとする仕方で、この問題に「一つの見方」を示唆したとする（『把握』六二―六三頁）。

二　『使命』におけるフィヒテのヤコービへの応答

さて三宅の注記によると、ヤコービによるフィヒテの知識学への批判とは、知識学は「すべてのものを自我のうちにとり入れ、自我の構成しうるもののみを認める純内在論」とみるものであり、ヤコービは知識学の立場を「自我の外なるものに対してはニヒリズム」であると見倣した（『把握』一五五頁）。三宅は一七九九年三月のヤコービの『フィヒテ宛公開書簡』[18]におけるフィヒテ哲学への批判を、次のように整理する（『把握』六三―六四頁）。即ち、知識学はあらゆる「真理」の「根拠」を示すことを目指すが、しかし「真なるものそのもの」が「その外にある」ので、この真なるものの認識不可能性を学の本質とする。知識学は「すべてを自己の中にのみ与えられるとする全くの内在哲学」であるので、「純粋理性」は「ただ自己のつくり出したものだけを認める」ものとなり、「哲学する精神」は「自己に対しても自己をつくり出す」こととなる「自らの造物主」であって、自我は事物の「すべてを自己にとり入れ」て「無化する」ことによって、「自己を自由に制限する構想力」から事物を「再生産する」ものである。[19]ヤコービは、知識学を「ただ自己自身をもてあそぶ空虚な Spiel〔遊戯〕」にすぎず、その立場は「Realität〔実在性〕に関する Nihilismus」であり、真なるものは「知によって達せられない」[20]とする。これに対して、ヤコービの立場は「人間は真なるものについての彼の無知」の「感情」と「意識」、換言すると「真なるものの Ahnung〔予感〕」

を抱くことができるだけであるというものであり、「人間の理性の終局の解答」は自我ではなく「神」なのであって、この「実在する真なるものは知られるのではなく感ぜられる」のである。こうしてヤコービは、「無神論」や「神秘主義」という非難が時代を超えてつねに哲学に投げかけられるのは、哲学が不遜にも「自らを精神でもって自然を超えて高めようとか、自らが自然である限りの自分自身を超えて高めようとかいう気持ち」に人を誘おうとするからであるという（GA III/3, 249）。

このヤコービによる批判に、フィヒテはどう応答したか。三宅によると、フィヒテは『使命』において「個人及び個人の共同体というもの」の根拠を哲学的に究明しようとするが、それは深い考察までは立ち入らない「哲学的Meditation［瞑想］」にすぎない（『把握』六五頁）。実際フィヒテは「知によって、そして知から生じるものは単に知にすぎない。しかし、あらゆる知は模写にすぎず、知においては常に像に対応するものが要求される。この要求は如何なる知によっても満足させられない」（GA I/6, 252）として、知に関して「純粋な思弁の体系が実在に関する虚無主義に導くと云ったヤコービの言葉を裏書きする」考えを認めているようにみえる。ここにおいて知は「実は単なる表象、或は表象的意識」、「単なる映像（Bilder）」にすぎず[21]、「反省」も「存在の支点というものには達しない」無限遡行に陥る。それゆえ「私のうちに何か絶対に確かなものがあるか」と問うには知から信へと立場を移行する必要があり、その立場は「何事かが為さるべきだということを絶対的に私に告げるところの意識」、「良心の声」、ないし「実在を与えるものは意志の決意と決意に基づく信」の立場ということになる（『把握』六五―六六頁）。三宅は、信が実在性を捉える「機構（Organisation）」、「知の根拠」であると注記する（『把握』一五六頁）。この「良心の声」という思想は「カント以来の実践理性の優位の考え」に沿ったものであり、フィヒテは「良心の声に従う私の意志の決定は行動として現われ、感覚的世界にある結果を引き起す」として、「意志を必ず行動と結びつけて考え」ていく。この思想は『使命』において「良心に従う意志は行動の生起及びそれの結果如何に拘らず決意そのものとして重要な意味をもつ」とされ、ここにおいて更に「実践倫理的から倫理宗教的立場へ」の移行がみられる。「良心の声は私に対して感覚を越えた精神の世界（der Reich der Geister）を開示し私は良心の声に従う決意によってこの超感性的世界の一員となる」といえ、良心が私を精神世界につなぐ「紐帯（Band）」の役割を果たす。三宅はフィヒテの「私の生のいかなる状況（Lage）においても、私がそこでなすべきことを私に教えてくれる、私の内奥における良心の声は、それによって今度は彼（Er）が私に対して影響を及ぼしてくる」（GA I/6, 292）との言葉を念頭に置いて、「私は私の生の特殊性の下に於いて自らの果すべき使命を通じて超感性的世界につながる」のであるとする（『把握』六六頁）。

三宅によると、ここには「私は、私の意志がそれの感性的世界のうちに生ずる結果が何にかかわらず、意志そのものとして超感性的世界に何かの結果を生ずることを信じる」との確信がある。フィヒテのいう良心の声には「自己活動的理性」としての意志があり、この意志が精神世界を支配する「法則」であり「生命原理」であって、良心の声が「私の意志と類似性を持つ無限なる意志」によって聞き知られるところとなって、無限なる意志を通して他の精神世界に働きかけることによって、自我は「同時に二つの世界に属する」といえる。このフィヒテの考えは既に『新しい方法による知識学』にあるが、そこにおいては「私は意志を通じて叡智的世界に属する」と考えられてはいるが、「intelligible Welt そのものの統一とそれの個人的意志への関係は不明」なままであった。これが『使命』において、「無限なる意志を原理とする精神的世界と個人的意志との交通の可能」が考察され、「良心の声を通してその無限なる意志が私に働きかけ、私は意志決定によってかの意志に働きかける」ものとされる。こうして『使命』において、良心の声が光線として照射して「私の Persönlichkeit〔人格性〕の限界」を画すとされ、これが「我々の真の Urbestandteil〔原要素〕」、「一切の生の根拠で素材」である（GA I/6, 293）とされるのである（『把握』六七頁）。

結び

三宅によると、フィヒテにおいて超感性的世界は多くの個々の意志の体系として「一つの世界」を形成しており、「異なる個人が相互に自由なる主体として認識することの可能」も、この両者を結びつける「無限なる意志の媒介」に基礎づけられる。もちろん一方で「感覚界の変化の原因は機械的」なので、「その原因の系列をたどっていって自由なる精神的主体に出くわすことはあり得ない」が、他方で「我々はただ共通の geistige Quelle［精神的源泉］を通してのみお互いを知り、またお互いに働きかける」（GA I/6, 294）のであり、「良心の声によって Geisterwelt が私に開かれているときにのみ私は他人を独立にして自由なる者として存在することを認めることができる」（vgl. GA I/6, 295）のである。この『使命』におけるフィヒテの思想とライプニッツの『モナドロジー（Monadologie）』とを比較して考察を加えているところに、三宅の分析の特色がある（『把握』六八頁）。モナドはモナド相互間の「調和」を考えるだけであり、モナドには「無限なる意志に当るもの」がない。フィヒテが無限なる意志を考えるのは「一つの飛躍」であって、それはむしろ「ライプニッツの創造者の考えと同一」である。[22]三宅は、カント哲学に打ち込む以前のフィヒテがライプニッツの思想に近い「一種の決定論」を信じていた（『把握』一五二頁）と指摘し、当時の彼はこの決定論の考え方と「キリスト教の神」に応ずるべき心情の要求との相克に悩んでいたという。このフィヒテの思弁と心情の葛藤は一七九〇年の哲学的断片「宗教と理神論についての箴言」[23]に現れており（『把握』一二頁）、ここにおいてはフィヒテの理神論へと向かう態度が明確である（GA II/1, 287–291）。三宅は、フィヒテは「ただ活動することに於いてのみ生きがいを感ずる行動人」として「情的に決定論に服しかねた」のである（『把握』一五二―一五三頁）とする。

三宅は、若き日のフィヒテにとってカント哲学との邂逅は「真に精神的な更生」（『把握』一三頁）を意味するものであったが、『使命』においてはヤコービによる批判に応じる仕方で、結局のところ「精神的世界に於ける統一のあり方或いはその全体性のあり方の問題に逢着して」しまっており、「無限なる意志」を持ち出しても「問題を思想的に解決することにはならない」と批判する。フィヒテも認めるように、無限なる意志の「本性」あるいは精神世界の「実体」は「知的理解を絶する」ので、「私が自らを精神的世界の一員として自覚」し、「私を含む秩序の存在、即ち私をその中にとり入れる一つの組織ある全体を自覚」しても、「有限なる我々は無限なる意志そのものがそれ自身として何であるかを知らない」ことになる（『把握』六八―六九頁）。フィヒテは、無限なる意志の「我々への関係は Sollen［当為］の意識を通して明かに示されて」おり、私は「多数の理性的存在者の系列の中に於ける私の使命」を認識できるというが、三宅は、フィヒテが「いかにして私が私の部分において精神的世界の秩序に、或いは無限なる意志にくみ入れられるか」（GA I/6, 292）は「見えざる世界の大きな秘密」（GA I/6, 293）であるという箇所を踏まえて、やはり「wie［いかにして］は解らない」と注意を促して、この秘密を「無限なる意志というような宗教的な思想に結びつけることによってこの問題の哲学的展開を打ち切っている」点に『使命』の限界をみて、ここにフィヒテの思想が神秘主義となるきっかけを考えるわけである。

「個人と絶対との関係の問題は無限なる意志、精神の世界及び道徳的意志としての個人の連関に於て考えられているが、それはフィヒテ自身認める如く単なる示唆（Winke）に止まって問題の哲学的解決ではない」（『把握』七〇頁）。

美濃部氏は「超感性的なものの実在性を信じそれを意志することによって感性的秩序から自由になるとき、我々には「一つの新しい世界」（GA I/6, 278）が実在性をもつものとして現われる。それによって、我々は自己と自己の知の実在性を確信し、ニヒリズムから脱却することができる、と『人間の使命』のフィヒテは考えている」[24]としながらも、やはり「良心の声の確実さの根拠の叙述は不十分」であり、良心の声もまた「我々を欺く単なる像にすぎないのではないか」[25]との疑念が残るとして、三宅と同様の見方をとっている。

三宅の『把握』の分析は更にフィヒテの後期思想の徹底した吟味へと移行することになるが、『使命』の内容をもって、結果フィヒテの哲学的な思索が無神論を契機として神秘主義へと陥ってしまったといえるのかどうか、[26]この検証については稿を改めたい。[27]

付記

当研究に際しては、三宅剛一御子息で明治大学名誉教授の三宅正樹先生に多くの御助言を賜った。またライプニッツ哲学の理解に際しては、大阪経済大学准教授の稲岡大志先生より資料提供の御世話になった。衷心より感謝申し上げる。

註

フィヒテの引用はI. H. Fichte版全集とアカデミー版全集を用い、頁数はSW / GAの略号と共にそれぞれ本文中に記した。カントの引用頁数についても、慣例に倣った。

（1）Fichte, J. G.: *Die Bestimmung des Menschen*, 1800. この「通俗的」の意味は読者対象のこと（GA I/6, 189）であり、内容的にはむしろ彼の哲学の「深化発展」である。『フィヒテ全集』第一一巻、晢書房、二〇一〇年、五六五頁の訳注を参照。

（2）Kant, I.: *Kritik der praktischen Vernunft*, 1788.

（3）三宅剛一『道徳の哲学』岩波書店、一九六九年、一一三一一一四頁。なお本章は、三宅とフィヒテの思想を比較考察した次の論稿の続きである。玉田龍太朗「三宅剛一の人間存在論とフィヒテの道徳衝動論」、『比較思想研究』第四八号、比較思想学会、二〇二一年、六八一七五頁を参照。

（4）Forberg, F. K.: *Über die Entwicklung des Begriffs Religion*, 1798.

（5）Fichte, J. G.: *Über den Grund unseres Glaubens an eine göttliche Weltregierung*, 1798.

（6）三宅はドイツの都市「イェーナ（Jena）」を「イェナ」と表記しているが、現代の日本では「イェーナ」との長音表記が一般的であり、日本語版フィヒテ全集（哲書房刊）もこれを採用していることから、本文と引用とで表記を区別した。

（7）Kant, I.: *Metaphysik der Sitten*, 1797. AA VI, 438f. なおフィヒテのイェーナ期哲学における良心の概念については、佐々木達彦「フィヒテ初期道徳論における良心」、『倫理学研究』第四七号、関西倫理学会、二〇一七年、一二一―一三二頁を参照。

（8）三宅は、後の『芸術論の試み』（岩波書店、一九七三年）においては「イェナ時代には、道徳的・実践的活動を通して限りなくその実現に近づくべき理念であった無限者が、ベルリン時代では、我々の精神的生の実在的な根源とみられ、宗教的色彩が濃厚となっている。これは有限者における無限者の現在というロマンティークの思想と通じる。しかしフィヒテは、それを芸術的な或は宗教的な直観に求めず、どこまでも活動的行為的な生のうちに認める」（一一九―一二〇頁）として、直観ではなく活動を通した「絶対者の根源的生」への「参入合一」という実践的な観点を強調する。

（9）三宅は、『芸術論の試み』において「フィヒテによれば、経験の世界も結局は、特定の仕方において相連関する自我の行為（それは経験の制約として先験的である）の系列によって成り立つ。そこで哲学にとって、現実的意識の先験的な発生、即ちそれの『演繹』が問題となる」（一一八頁）という。

（10）Fichte, J. G.: *Zweite Einleitung in die Wissenschaftslehre*, 1797. フィヒテによると、理念としての自我は一方で「理性の努力の究極目標」でありつつも他方で「単なる理念」にすぎない（GA I/4, 266）。

（11）フィヒテのイェーナ期における自我の概念に焦点を当てて現代的問題を考察した論稿としては、中川明才氏による次の二論文を参照。中川明才「フィヒテの実践哲学における『道徳的自然』」、『理想』第六九七号、理想社、二〇一六年、四三―五四頁、および「自我という思想――フィヒテの『道徳論の体系』における隠されたもの――」、『フィヒテ研究』第二五号、日本フィヒテ協会、晃洋書房、二〇一七年、一五―二八頁。

（12）三宅は、フィヒテ晩年の『学者の使命に関する五回の講義』（一八一一年）を例に挙げている。Fichte, J. G.: *Fünf Vorlesungen über die Bestimmung des Gelehrten*, 1811.

（13）これについてフィヒテは『学者の本質と自由の領域におけるその諸現象について』（一八〇五年）において「すべての哲学的認識はその本性上、事実的ではなくて、むしろ発生的であり（nicht faktisch, sondern genetisch）、何らかの或る静止的存在を捉えるのではなく、むしろこの存在をそれの生命の根源から内面的に産出し構成するものである」（GA I/8, 67）という。Fichte, J. G.: *Über das Wesen des Gelehrten, und seine Erscheinungen im Gebiete der Freiheit*, 1805. なお一八〇六年の宗教論『幸いなる生への導き』においてフィヒテは、推論による証明という方法を通して誤謬を斥けて真理を取り出す学問的講義に対して、通俗的講義は直接的に各人の自然的な真理感覚に訴えるものであるとしている。即ち、通俗的講義は「純粋にかつ単純に真理を語り、誤謬に対してあるような審理では決してなく、自らの内にある真理以外のものを語らないのである」(GA I/9, 72) と。このフィヒテの宗教論における論点については、橘智朗「存在の二重の現存在――フィヒテとヨハネ――」、『フィヒテ研究』第二五号、日本フィヒテ協会、晃洋書房、二〇一七年、六一頁を参照。Fichte, J. G.: *Die Anweisung zum seligen Leben oder auch die Religionslehre*. 1806.

(14) 三宅によると「フィヒテにあっては真理の内容そのもの」が「実存的」なので、「哲学はつねに生そのものに於ける自由による自己決定と相関的なもの」であるが、フィヒテは「自分のうちに論理的思惟と、生を通しての真理の体得との互いに規定し合う二つの要求」をもっており、「この内容と形式とが十分融合していない」とする(『把握』一五五頁)。

(15) 三宅は、「絶対の統一としての根本実在を Licht [光] 又は Leben-göttliches Leben [神的な生]」と呼んだ一八〇四年の『知識学』第二講義を基に、初期知識学は「知識と行動に対する制約を求めて自我の必然的 Handlung に遡った」が、後期知識学は「むしろ最高制約原理たる絶対から出発して、それが経験意識の事実にまで発現し行く過程を下降的に示さうとする」と区別し、この知識学が「すべてその以後の基礎となる」とする(『把握』五九頁)。Vgl. Fichte, J. G.: *Die Wissenschaftslehre Zweiter Vortrag im Jahre 1804 vom 16. April bis 8. Juni*. PhB. 284, 1986, S. 82f.

(16) Fichte, J. G.: *Wissenschaftslehre nova method*, 1798/99.

(17) なお、この書簡には一八〇〇年十月八日付の草稿 (GA III/4, 404-405) があり、「良心は本体 (或いは神) としての叡智的なものから。単に良心の低次の極にすぎない感情は感覚的なもののうちにおける叡智的なものの発露から。このことから、全く対置される二つの新しい哲学部門が与えられるが、この両部門は両者の中間点としての超越論的観念論において統一されている」とされ、『人間の使命』第三章に「示唆 (Winke)」があるとされた。この草稿は記された日付よりも「むしろ十二月二七日頃」に書かれたとみるほうが内容的に適切であるとアカデミー版全集において考えられている (GA III/4, 404)。

(18) Jacobi, F. H.: *im Druck veröffentlicher Brief von Friedrich Heinrich Jacobi an Fichte vom 3. -21. 3. 1799*. このヤコービの書簡の内容について、より詳しくは拙論「なぜフィヒテのイェーナ期哲学はヤコービにニヒリズムとみなされたのか」、『フィヒテ研究』第二五号、日本フィヒテ協会、晃洋書房、二〇一七年、七一―八五頁を参照。

(19) GA III/3, 234.

(20) ヤコービは「私は真なるものということで、知の以前に、かつ知の外部にあるもののことを了解している。それこそが、知に、理性という知の能力に価値を初めて与えるものである」(GA III/3, 239) という。

(21) 三宅は、「Wissenschaftslehreが中心的に考へているところの道徳的実践の自我の動的な在り方の直観としての知もBildか?その点不明」と括弧書きする（『把握』六五頁）。

（22）Leibniz, G. W.: *Monadologie*, 1714, 1720, §. 47. 一七一四年に仏語で書かれた無表題の原稿に『モナドロジー』の題名がつけられたのは一七二〇年の独語訳からである。ここにおいては「したがって神だけが、すべての想像されたモナドがそこから生み出された最初あるいは原初のモナドであり、これらはいわば、神性の途切れることのない光線あるいは放射（die ununterbrochenen Strahlen oder fulgurationes der Gottheit）によって、ある瞬間から次の瞬間まで、その本質上制限されている被造物の特性ある能力に比例して生み出される」とあり、三宅がフィヒテの『使命』において注目する「光線［Strahlen］」の語が用いられている。なお『モナドロジー』第四七節の理解については、根無一信『ライプニッツの創世記――自発と依存の形而上学――』慶應義塾大学出版会、二〇一七年、九六―九九頁を参照した。

（23）Fichte, J. G.: *Aphorismen über Religion und Deismus*, 1790.

（24）美濃部仁「実在性の拠り所としての良心と良心を超える立場――１８００年前後のフィヒテ――」、『理想』第六九七号、理想社、二〇一六年、六二―六三頁。

（25）美濃部仁、同論文、六四頁。

（26）「フィヒテにはじまるドイツ観念論の形而上学と、ドイツ神秘主義とりわけマイスター・エックハルトの教説」との関係については、ドイツ語圏においては多くの哲学者が注目してきた。大峯顕「知的直観と神秘主義」、上田閑照編『増補版・ドイツ神秘主義研究』創文社、一九八二年、五五九―六〇一頁を参照。

（27）隈元氏によると、三宅が『把握』においてフィヒテ哲学に向けた鋭い批判は、むしろフィヒテ哲学のもつ長所を浮き彫りにするものである。即ち「フィヒテが人間の精神性を重視して、自然を軽視ないしこれを眼中におかなかったことは、従来あまねく非難の的であった。しかし三宅は一面これに賛同しつつも、フィヒテ自身はひたすら自己の内面に眼を向け、一切をそこに収斂したと弁護する。筆者としては、フィヒテが自然を軽視し、その生の把握が英知的にすぎるというのはフィヒテの欠点ではなくて、むしろ長所であって、彼はこの方向にもっと徹底すべきではなかったかとさえ考える」と。隈元忠敬「書評：三宅剛一著『ドイツ観念論における人間存在の把握』（酒井潔・中川明博編）」、『ヘーゲル學報――西洋近現代哲学研究――』第七號、京都ヘーゲル讀書會、二〇二〇年、一二七頁を参照。なおフィヒテ自身は、晩年の一八一二年ベルリン大学講義『知識学』において、自分の哲学がニヒリズムであると批判された理由について、「要は反省してはならないのである、知識学の反省するということ（das Reflektiren）が彼らの想定するニヒリズムの根拠なのである。知識学は反省の体系（ein Reflektirsystem）と呼ばれていた」（SW X, 325）という。

第七章

初期ハイデッガー哲学における解釈学の射程

序

ハイデッガーの『存在と時間』(一九二七年)[1]は彼の初期哲学の一つの結実点であるが、ここにおいて採用した「基礎的存在論」(Fundamentalontologie)の立場を、彼は後に『言葉についての対話より』(一九五三/五四年)[2]において「解釈学的現象学」(hermeneutische Phänomenologie)の見地として振り返った(US, 90)。本稿はこの初期ハイデッガー哲学の「解釈学」(Hermeneutik)の見地を、三宅剛一による彼の哲学への分析[3]を手引きに検証し、ここにおいて扱われた中心問題を「解釈学的状況」(hermeneutische Situation)の観点から考察するものである。

ハイデッガーは『存在と時間』において、解釈学の見地をどのように提示していたか。それは「現象学的記述」のもつ次の三つの方法上の意味として明示された。彼によると、現象学的記述がもつ方法的意味は第一に「解釈」(Auslegung)であり、「現存在の現象学に属するλόγοςは、ἑρμηνεύειν〔解釈する〕という性格」をもつ。解釈することを通して「現存在自身に帰属する存在了解」に向けて「存在の本来的な意味と現存在に固有な存在の根本構造が告知される」のであり、この意味から「現存在の現象学はことばの根源的意義における解釈学」なのである。しかし、現象学的記述は「存在の意味と、現存在一般の根本構造」を詳らかにすることを通して「現存在ではない存在者を、存在論的にそれぞれさらに考究するための地平」を露呈させるので、そのかぎりで第二にこの解釈学は「一切の存在論的探求を可能とする制約を仕上げるという意味」における解釈学になる。この上で、最後に彼は現存在が「実存の可能性における存在者」として「すべての存在者に対して存在論的な優位を有している」点を指摘し、「現存在の存在の解釈としての解釈学」が「実存の実存的なありかたの分析論」という「哲学的に解すれば第一次的」な第三の意味を含むとする。この特別な意味における解釈学が「現存在の歴史性を、歴史学を可能とする存在的制約として、存在論的に仕上げる」かぎりにおいて、この解釈学のうちに「派生的な仕方にあってのみ『解釈学』と名づけられうるもの、即ち歴史学的な精神科学の方法論が根ざす」(SZ. 37f.)。こうして現象学的記述は、「解釈する」ということ、「一切の存在論的探究を可能とする制約を仕上げる」ということ、そして「実存の実存的なありかたの分析論である」ということの三つの方法的意味をもつのである。

それでは、ハイデッガーが解釈学の見地を採用した経緯にはどのようなことがあったのか。この点について彼は『存在と時間』において「著者は、環境世界分析と、総じて現存在の『事実性の解釈学』とを、一九一九—二〇年の冬学期以来繰り返し自らの講義において伝えてきたことを注記しておきたい」(SZ. 72 Anm.)としており、実際その成立が一九二二年秋とみなされる通称『ナトルプ報告』と呼ばれる草稿『アリストテレスの現象学的解釈——解釈学的状況の提示』の「序論」[4]において、「解釈学」あるいは「解釈学的」という呼び方を自らの哲学的思索の特徴をいう際に用いはじめ、一九二三年夏学期フライブルク大学講義『オントロギー(事実性の解釈学)[5]』において、この哲学的見地をさらに展開した。『存在と時間』における解釈学の規定によると、現象学はその向かう先が現存在であるとき、単なる現象学ではなく「解釈学的」現象学という方法上の意味を担うわけであるが、それでは何故に現存在の現象学が解釈学的現象学でなければならないのか。

一　初期ハイデッガー哲学における解釈学の採用意図

さてハイデッガーは講義『オントロギー』において解釈学を主題的に取り上げ、自らの哲学的思索への採用の端緒において「事実性」(Faktizität)の語のもとにそれを告知した。一般的に事実とは時間・空間上に実在するものとして見出される存在や出来事を、そして事実性とはその事実のありようを意味する。また事実は実在的なものとして幻想や虚構と対立し、経験的なものとして論理的必然性をもたず、既にそこに与えられていることとして当為的なこととも対立する。それでは、事実性の概念をハイデッガーはどのように規定したのか。彼によると「事実性は、『われわれの』『固有の』現存在の存在性格を示す名称」であり、その精確な意味は「現存在が存在に即してその存在性格において『現に』存在するかぎりでの、そのつどのこの現存在である」ということである。それゆえ「事実的という語は、何かそのように存在する存在性格にもとづいてそれ自身から分節されているもの、また何かこのような仕方で『存在する』ものを意味している」(HF, 7)とされる。「現存在」は『存在と時間』においてわれわれ自身という存在者、即ち人間を表現したものであるとされたが(SZ, 7)、彼は「事実性」や「事実的」の語を現存在という自らの哲学的術語のもとに告知し、この現存在に一貫して「われわれの」「固有の」という限定を加える。こうして彼は事実性の概念をもって、われわれ自身の存在のありようを示すわけである。

ハイデッガーは『オントロギー』において、存在の概念について「存在――他動詞的に、事実的な生を存在すること!」(HF, 7)と強調する。即ち存在の概念はその様式として「事実的な生」を担い、特に現存在の生、われわれ自身の生をその概念のうちに含むこととなる。実際ハイデッガーは事実性の概念、即ち各自の現存在に「自分の」(eigen)、「我がものにすること」(Aneigung)、そして「我がものにされた」(angeeignet)という規定を加えて(HF, 29)、事実的な生のうちに時間的・歴史的な意味を示唆する。彼によると「存在自身は、それ自身つまり存在が問題となるかぎり、決して所有の可能的対象ではない」（HF. 7）ので、これらの諸規定の意味を所有の可能的対象を指示するものとは理解できない。むしろこれらの諸規定は事実性への規定であるかぎりで、事実的な生それ自体に即したものとして一切の所有性を排し、あくまで現存在におけるものとして捉えられねばならない。ここにおいて含意された諸規定は『存在と時間』における「時間性」（Zeitlichkeit）への規定、われわれの現存在における「現在のもの」「将来のもの」そして「過去のもの」に対応した「既在しつつ現成する将来」（gewesend-gegenwärtigende Zukunft）という規定（SZ. 326）を想起させるが、この意味において事実性は現存在の生それ自身のうちで、かつ生それ自身に即して時間的・歴史的に現存在に固有化されると理解することができる。こうして事実性の概念は、事実的な生ないし現存在の全体を性格づけるのである。

このように事実性の規定を解釈学に加えるハイデッガーは、『オントロギー』において「解釈学という表現は、事実性への集中、糸口、接近、問い掛け、解明の統一的な方法を指示すべきである」（HF. 9）という。彼によると、解釈学は事実性への集中からその解明へと至るまでの「解釈すること（告知すること）の遂行の或る一定の統一」（HF. 14）である。ただし事実性とはわれわれの固有の現存在の存在性格を示す名称であるので、解釈学がまずもって課題とするものはわれわれの固有の現存在であり、それゆえ同時にこの解釈学を採用し解釈を遂行するものもまたわれわれ自身であるということには注意が必要である。解釈学は事実性を探求の対象としながらも、同時に「それぞれに固有の現存在をその存在性格においてこの現存在自身に近づけ、告知すること」を課題とするのであって、この現存在とは自己の現存在にほかならず、「解釈学においては現存在にとって、自己自身に対して了解するものとなり了解するものであるという可能性が形成される」（HF. 15）のである。こうして初期ハイデッガー哲学の解釈学が視界に収めるのは現存在の自己自身であり、この解釈学の遂行によって獲得されるのは現存在の自己了解ということになる。この「解釈学と事実性の関係」についてハイデッガーは、「解釈することそれ自身」が「事実性に備わる存在性格の可能な際立った一様態」であるとする。即ち、解釈とは解釈学というひとつの方法から派生的に捉えられる何かではなく、むしろ解釈そのものが現存在自身の一つのありようなのであり、われわれ自身に備わる「解釈するという存在性格」に則って解釈学という方法的見地を常にわれわれは採用するのである。彼は「解釈とは、事実的な生自身の存在の存在者である」(ebd.) という。

ハイデッガーは『オントロギー』において、解釈ということ自体がわれわれの事実的な生の存在におけるありようのひとつなので、「解釈学に起こりうる失敗の可能性は、それに最も固有な存在に属する原理的な可能性」であり、「解釈学が行う解明の明証性格は原理的に不安定」であるという。事実的な生の存在性格のひとつとして解釈が挙げられる以上、解釈学そのものも生との根源的な結びつきのもとにある何かとして考えられねばならず、解釈学には失敗がありえるというよりも、むしろ解釈学は明証的な解明そのものを原理的に行えないというべきである。このことは動的で事実的な生を解釈学が自らの基盤とし、解釈学の対象がわれわれ自身であると同時に、その遂行者自体もわれわれ自身であるということから齎される当然の帰結である。しかし、そうであるからといって、われわれは解釈学を放棄すべきではない。「解釈学的研究の主題は、それぞれに固有の現存在であり、しかも、それ自身の根本的な覚醒態 (eine wurzelhafte Wachheit seiner selbst) の形成を目指して、その存在性格について解釈学的に問い掛けられるものとしての現存在である」(HF. 16) のであって、ハイデッガーは解釈学が目指す現存在の自己了解を自己に目覚めることのうちにみて取る。それゆえ、「解釈学における根本問題性」は「現存在がただそれ自身のうちに存在するということ、しかも、現存在はおのれへと向かうそれ自身の途上としてあるということ」(HF. 17) のうちにある。こうして彼のいう解釈学は、自己を徹底して突き詰めていく方法的な見地となる。ハイデッガーは「解釈学は知識獲得ではなく、実存的認識を、つまり、ひとつの存在を目指さねばならない」として、解釈学の端緒は何か意図的につくり出されえず、むしろそれは「現存在が自分自身に出会う際の哲学的に覚醒してあることから発現し、成長する」という。即ち「覚醒してあることは現存在が自己と出会う決定的な可能性と様式を形成する仕方で、哲学が自己自身について自らに与えた根源的な自己解釈のなかにいきいきと生きている」(HF. 18)のである。

二　破壊と解体

初期ハイデッガー哲学において、その探求の対象は人間的な現存在であり、その探求は事実的な生を目指す。それゆえ哲学には、われわれの固有の現存在が自己に覚醒して存在するよう、解釈学を通して解明された各自の事実性を踏まえつつも、事実的な生が根源的に自己解釈するありようを明示することが求められる。ただし彼によると、「解釈学は哲学ではまったくなく、何かまさに先行するものである」(HF. 20)。「何かまさに先行するもの」(etwas recht Vorläufiges)とは哲学を展開する以前に出来るだけそのうちに踏み止まって検証しなければならない対象のことであり、この対象に眼差しを向けることを彼は解釈学に役割として担わせた。解釈学的研究の主題は事実性、即ちその存在性格を問われているものとしての自分自身の現存在であったが、それは自らのそのつどの「現」(Da)において存在するものであり、この「そのつど性」(Jeweiligkeit)は「今日」(Heute)と規定される(HF. 29)。現存在はそのつどの現において存在し、解釈学的研究の出発点は今日なのであって、ここから差し当たり「現存在は自分自身についての一定の語り方、駄弁を弄すること(専門用語)において動く(根本現象)」(HF. 31)のである。[(6)] こうして現存在は一定の被解釈性において動くという根本動性のうちにあるが、たしかにこの被解釈性は現存在の存在のひとつのありようであり、彼によると、この被解釈性を代表するものとして歴史的意識と哲学的意識とが考えられなければならない(HF. 33)。この二つの方向から、最初の事実性への集中が遂行されることとなる。この「語りはあらゆることにまさり」、恐らくは「現存在自身にもまさる」（HF. 48）が、この意味において歴史と哲学に向けての意識という各々の解釈の方向は、哲学以前にある何か先行的なものなのである。

それでは解釈学の遂行に際しては、どのような仕方を採る必要があるのか。ハイデッガーは、このことを「破壊」（Destruktion）や「解体」（Abbau）と表現する。彼によると「解釈学は破壊」（HF. 105）なのであり、『ナトルプ報告』においても「解釈学は唯一、破壊という方途によってその課題を成し遂げる」（AS. 249 / GA. 368）という。たしかに「事象そのものへ」（zu den Sachen selbst）を標語とする現象学において「対象は、それが自分自身を与えるがままに規定されるようになる」ことが目指された。ここにおいて注意が必要なのは「対象は、それがそれ自身において自らを示すがままに、即ち、それが或る一定の見やり（Hinsehen）に対して出会ってくるがままに受け取られねばならない」ことである。しかし、われわれが一定の被解釈性のもとにある以上、対象はあくまで伝統的な捉え方において現前しているのであり、「出発地点を越えて隠蔽することのない事象把捉に至ること」が重要である。ハイデッガーは「そのためには、隠蔽の歴史の開示が必要」であり、それゆえ「哲学的問いの伝統は事象源泉にいたるまで遡求されねばならない。伝統は解体されねばならない。そのことによってはじめて、根源的な事象設定が可能になる。この遡行が哲学を再び決定的な連関に直面させる」（HF. 74f.）とするのである。[7]

このように考えるハイデッガーは、現象学が没歴史的であり先行する何かへと向かう意識が欠如している点に留意し、歴史的意識と哲学的意識へと向けられた解釈の二つの方向において解釈学的解体が遂行されねばならないとする。

「伝統を批判的に解体すると、うわべは重要そうな問題のうちで行き詰まるという可能性はもはやなくなる。解体ということがここで意味するのは、或る一定の根源的な何かがいかにして下落し隠蔽されるに至ったかを見るために、ギリシア哲学へ、アリストテレスへと還帰するということである。（中略）われわれの態度に応じて、根源的な態度が新たに再形成されねばならない。即ち、根源的な態度は変遷した歴史的な状況に応じて何か異なったものであるが、しかし実は同じものなのである」（HF. 76）。

歴史的に哲学的問題を遡求することによって、それらを取り巻く隠蔽の歴史を開示して哲学的問題の根源的な事象源泉にまで至ろうとしてこそ、問題の根源的な事象設定が可能であるとハイデッガーは考えるわけだが、それではこのように解釈学を破壊や解体として特徴づける彼の意図は何か。『ナトルプ報告』によると、解釈学の遂行によって齎されるのは自己了解である。彼によると、ここにおいて「了解する」ということは「了解していることを自分にとって最も固有な状況に即して、またこの状況からして根源的に反復することを意味する」（AS. 239 / GA. 350）。このことを、彼は「解釈において手引きとなる問いは、人間存在、即ち『生における存在』が、どのような存在性格をもった、どのような対象性として経験され解釈されているかでなければならない」（AS. 252 / GA. 372）ともいう。『オントロギー』によると、解釈学は単に哲学的な手法を提示するためだけのものではなく、むしろそれは事実性の解釈学として「根源的な事実性をアリストテレスまで遡り連れ戻す」（HF. 105）ことによって自己のもつ根源的態度を解明するためのものである。

このような初期ハイデッガー哲学の問題意識は、「諸学は、人間の諸態度として、この存在者（人間）の存在様式をもつ」（SZ. 11）とする『存在と時間』においても引き継がれていく。解釈学的現象学が基礎的存在論として彼の哲学の方法的意味を担うのは、現象学的記述の対象であると同時にその記述の遂行者でもある現存在が、その自己了解に至るまで歴史的な事実性の徹底した制約下にあるとみなされたことによる。この根本的制約のため、事象そのものへという現象学的アプローチも歴史的な制約下にある自己自身を、自分の制約のうちにありつつ、あるがままに捉えようとする仕方で遂行されざるをえない。それゆえ、解釈学は没歴史的な現象学においては突きとめえない前提を乗り越えて、さらにその隠された前提をも突き詰め開示しようとする役割を担った。

「この伝来の現存在解釈から、現存在は差し当たり或る種の範囲内で、不断に自己を了解する。この了解内容は現存在の存在の諸可能性を開示し、またそれらの諸可能性を規制もする。その現存在の固有な過去は——そして、これは常に現存在の『世代』の過去という意味にほかならないが——現存在に後続するのではなく、現存在にそのつどすでに先行するのである」（SZ. 20）。

それぞれの現存在が、それぞれに固有な過去を、そのつどすでに先行的に背負い込み、その内容はそれぞれの現存在の存在の諸可能性を先行的に規制する。それゆえ「現存在は、歴史学的に問いたずねるという存在様式のうちへと連れ込まれる」のだが、むしろそうであるからこそ現存在は「過去を積極的に我がものにすることにおいて存在への問いの最も固有な諸可能性を完全に占有する」（SZ. 20f.）こととなる。このことは現存在が過去を背負い込むために、その歴史性を顧慮しながら現存在分析を進めていかねばならないというよりもむしろ、現存在に固有な過去を、それが現存在にとって先行的なものであるからこそ積極的に受けとめつつ、存在問題を見据えていかねばならないということである。

こうして初期ハイデッガー哲学の関心は、われわれが人間である以上その人間の生をつねに見据えながら、いかにその生を自らの哲学を形成する過程において事実的に捉え、汲み取っていくかということになる。それは生の動性という根本現象にとらわれた現存在を念頭に置きつつ、人間の歴史性に注目するという態度に表れている。われわれは自己自身を習得的に成り立たせており、反復しながら身につけ反省するという仕方で自己を了解しつつ形成するが、解釈学による破壊的で解体的な遡行の究極的対象としてみて取られているのは、この自己に他ならない。

われわれが歴史的に存在するということは人間であるがゆえの制約であり限界でもあるが、むしろそれゆえにこそ積極的態度で自己の歴史性に向かわねばならない。というのも、ここから汲み取られた根源的な何かによってこそ、自己を自己として自己に固有のものとする本質的な何かが浮き彫りになるからである。

三　解釈学的状況

ところで『存在と時間』において、ハイデッガーは次のようにいう。

「存在の意味を学的に解釈することが課題となるときには、現存在は第一次的に問いかけられるべき存在者であるばかりでなく、そのうえ現存在はそのつどすでにおのれの存在において、この問いにおいて問いたずねられている当のものへと態度をとっている存在者でもある。そうだとすれば存在問題は、現存在自身に属している或る本質上の存在傾向の徹底化、つまり先存在論的な存在了解内容の徹底化以外のなにものでもないのである」(SZ. 15)。

この先存在論的な存在了解内容は、現存在の存在構造が自分自身のうちに含んでいる規定性に他ならない。存在の意味を問うということは存在に対して先存在論的な了解をもつ現存在の存在了解を徹底化することであり、彼はこのことによって「『存在』の意味に対する問いを具体的に仕上げる」(SZ. 1)という哲学的目標を成し遂げる上での方法論的通路が開けていくと考える。解釈学的現象学という見地をとる彼の基礎的存在論は、このように存在への問いに寄与するものとして提示されるが、三宅剛一はこの初期ハイデッガー哲学の目的を次のように表現した。即ち彼の哲学は単なる「理知の仕事」ではなく「人間の現存在のうちに起った根本の出来事 Geschehen (Geschichte)」

であって、彼にとって「哲学の第一の課題は人間をこの本質的な出来事にまでよび覚し、それを自ら行わしめることにある」と。三宅によると、ハイデッガーのいう「哲学の任務」は「ただ、日常事の忙繁によって、人間のうちに埋もれ、忘れられているところの人間の本来的可能性――実存、実存的真理をその埋没状態から呼びさます」ことなのである（三宅、四八頁）。

　三宅は、ハイデッガーの解釈学のもつ破壊や解体という性格についてもその本質をみて取っている。即ち、彼の哲学的見地においては「中性的な事象というものが哲学の主題ではない」のであり、「彼の分析ははじめから一定の見方の、あるいは態度の下になされる」と。三宅によると「われわれが最も手近なもの、だれにもわかるようなものに眼を向け、それをみて安んじている限り、われわれは哲学の門外に立つ」こととなり、ハイデッガーは「哲学はそういう日常習慣的な『立場』に伴った存在を『蔽いかくす』ところの傾向に反抗して成り立つ」と考えた。それゆえ「その分析は『日常的解釈の満足性と安心した自然性』に対しては、つねに『乱暴だという性格』（Charakter der Gewaltsamkeit）をもつ」（vgl. SZ, 311. 三宅、五一頁）こととなったのである。

　さらに三宅は現存在と哲学の可能性と限界について、ハイデッガー哲学の見地を下敷きにして次のようにいう。即ち「終りとは可能性のつきるところの限界であって、終りに対して眼を開くことは、自己の可能性の限度に眼を開くこと」であり、彼のいう「死への前走」[8]とは「自らすすんで自己の可能性の限度をみきわめること」であるが、この「前走的決意性」は「そこに開示されるものを回避することなく自己に引きうけるという意味」をもつのである。こうして前走は「現存在を自己に、――情熱的な、常人のイルージオンから解放された、現実の、それ自身について確実でしかも不安であるような、死への自由に於てある自己――にかえらしめる」とされた（SZ, 266）が、それは「企投としての意味」においていうと「entwerfen の ent は常人の世間への没入から、引きもどし、自己をそれから自由にするという意味」（三宅、六〇頁）をもつ。三宅によると、この死への前走を土台とする彼の哲学の見地は「哲学の主題としての現存在が有限であると同時に、それを主題化し解釈するところの哲学自身が有限なる実存の真理の立場に立つことの自覚の上に成り立っている」（三宅、八〇頁）のである。

こうした有限性の見地に即して、三宅はハイデッガーのいう「解釈学的状況」が「良心」の問題へと関係づけられていく必要を考える。即ち「解釈があるためには、解釈さるべきものが、あらかじめとりあげられ、眺められ、捉えられていなければならぬ（Vorhabe, Vorsicht, Vorgriff）」が、ハイデッガーによると「ある解釈が解釈として表明的に一つの研究の課題となるには、これ等の『前提』の全体――それを解釈学的状況と名づける――が、開示さるべき『対象』の一つの根本経験から、またそれにおいて、先行的な解明と確保とをもつことが必要である」（SZ, 232）。それゆえ「解釈が根原的となるためには、現存在の本来性と全体性とが明らかにされねばならぬ」のであって、これが「死への前走的存在において得られる」のである。これについて三宅は、「そこにエクジステンティアルに企投されたものは『良心』の現象においてエクジステンティエルに実証（bezeugen）される」（三宅、六一頁）という。

三宅は、解釈学的状況というのは「事物に関する状勢ではなく、むしろ現存在のすなわち自己の居り場、たちば」（三宅、同頁・注1）であると注記するが、この状況は現存在において次の仕方で成立する。即ち、一方で「哲学における存在解釈は、哲学の伝承から得られる解釈の可能性を歴史的な現存在の前にもち来し（Vorhabe）、現存在をその光に投ずるとき、現存在そのものの実存の可能性をそれによって照らし出しうるか否かの予想（Vorsicht）によって、伝承への態度決定と、また同時に現在の哲学自身の解釈学的状況が成りたってくる」が、他方で「ただし、現存在の実存可能性への企投をはなれて、与えられた伝統なるものはない」のであるから、「すでに『ある』もの」もまた「未来的企投を通して自己にかえった（Zu-kunft）ときに見出されるものである」（三宅、六六～六七頁）といわねばならない。

この解釈学的状況の概念について、三宅は「ハイデッガーによれば哲学のジツアチオンは、それの前提である」

とし、「哲学は、ある前提をしっかりと捉えて、これを展開し、その展開においてそれの必然性を絶対的真理としてでなく、有限なる実存の真理としての必然性を実証するにある」として、彼の「実証の仕方」を「現象学的提示（Ausweis）」であるという（三宅、七九頁）。こうして、三宅はハイデッガーの哲学を「人間の有限性と歴史的存在性とに基づく哲学の、しかも現代という特有の時代における哲学のクリティカル・シテュエーションの反省分析として、彼の存在論への賛否如何に係らず現代に哲学するわれわれに一つの良心の問題を提供するものだといってよいであろう」（三宅、八九頁）と要言する。

この『存在と時間』の解釈学的状況のありようは、『オントロギー』や『ナトルプ報告』において、既にハイデッガーによって次のように把握されていた。『オントロギー』によると、「事実性が根源的に存在し、その事実性のうちにすでに動性や解釈や対象的なものの多重性が同根源的に存在している」のであり、重要なのは「このような根源的なものの統一性をまさに獲得すること、そして、その根源的なものの史的に歴史的な性格を理解すること」（HF. 108f.）である。また『ナトルプ報告』において、ハイデッガーは次のようにいう。即ち「哲学的探求の対象は、この探求によってその存在性格へと問いかけられるかぎりでの人間的な現存在である」として、「この哲学的に問うことの根本方向は、問いかけられる対象たる事実的な生に外から付け足されたり付け加えられたりするのではない。その事実的な生は、自らの存在の具体的な時熟において自分自身の存在を配慮的に気遣うという仕方で存在する。そのことは生がたとえ自分自身を回避しているところでも変わりない。哲学的な問いの根本方向は、この事実的な生の根本動性を明確に把握することとして理解されねばならない」（AS. 238 / GA. 348f.）と。

こうして「哲学的な探求は事実的な生のひとつの根本動性を明確に遂行すること」であり、「あくまでこの動性のうちに根差している」（AS. 239 / GA. 351）のである。

結　び

ハイデッガーは『存在と時間』において、存在を問うために「その問い固有の歴史が見通しよくされるべき」であり、「硬直した伝統を説き緩めて、伝統によって張り巡らされた遮蔽幕を取り除くこと」の必要を説いた。即ち「こうした課題をわれわれは、存在の問いを手引きとして遂行されるべき、古代存在論から伝承されてきた在庫の破壊と理解する。この破壊は根源的な経験にもとづいて遂行され、そうした経験のうちで存在の最初の諸規定、以後も主導的なものとなりゆく諸規定が獲得される」(SZ. 22) と。この課題を方法上の意味から考えるとき「哲学は、現存在の解釈学から出発する普遍的な現象学的存在論」なのであり、この「現存在の解釈学は、実存の分析論として、すべての哲学的な問いの導きの糸の末端を、それらの問いがそこから発現しそこへと打ち返すところに結びつけておく」(SZ. 38) ものであった。

後にハイデッガーは、「形而上学の本質を出現させ、そのことによって形而上学をまずその限界のなかに置こうとする努力」(US. 103f.) を示す名称として「存在」の語を用いたとしたが、しかし三宅は「ハイデッガー自身も『存在と時間』の中で、彼の存在論的解釈の底には、本来的実存 eigentliche Existenz についての一定の存在的な見方、現存在の一つの現実的理想が横たわっているということを認めている」として、この事実に沿って実はハイデッガーも「存在論の主題対象に由来するところのそれの積極的必然性が理解されねばならぬ」(vgl. SZ. 310. 三宅、四〇頁) としていることを洞察したのである。

付記

当研究に際しては、三宅剛一御子息で明治大学名誉教授の三宅正樹先生に多くの激励の御言葉を、またハイデッガー哲学の理解については、明治大学准教授の鞍田崇先生に多くの御助言を賜った。衷心より感謝申し上げる。

註

（1）Heidegger, M.: *Sein und Zeit*, Tübingen, Max Niemeyer Verlag, 1927, 17. Aufl., 1993. 以下、略号［SZ］とともに本文中に頁数を示す。

（2）Vgl. Heidegger,M.: *Unterwegs zur Sprache*, Gesamtausgabe Bd. 12, Frankfurt a. M., Vittorio Klostermann, 1985. 以下、略号［US］とともに本文中に頁数を示す。

（3）三宅剛一『ハイデッガーの哲学』弘文堂、一九四五年、一九七五年。以下、本文中の頁付は一九七五年の再刊版のものである。

（4）Heidegger, M.: *Phänomenologische Interpretationen zu Aristoteles*（*Anzeige der hermeneutischen Situation*）, Dilthey Jahrbuch für Philosophie und Geschichte der Geisteswissenschaften, Bd. 6, 1989, S. 235-269. 以下、『ナトルプ報告』として略号［AS］とともに本文中に頁数を示す。高田珠樹氏による解題と邦訳（『思想』第八一三号、岩波書店、一九九二年、四~四二頁）を参照。また、この草稿は全集に採録されているので、略号［GA］とともに頁数を併記した。Heidegger,M.: *Phänomenologische Interpretationen ausgewählter Abhandlungen des Aristoteles zu Ontologie und Logik*, Gesamtausgabe Bd. 62, Frankfurt a. M., Vittorio Klostermann, 2005, S. 341-375.

（5）Heidegger, M.: *Ontologie*（*Hermeneutik der Faktizität*）, Gesamtausgabe Bd. 63, Frankfurt a. M., Vittorio Klostermann, 1982, 1995. 以下、『オントロギー』として略号［HF］とともに本文中に頁数を示す。

（6）ここにおいて専門用語として示された「駄弁を弄すること」（das Gerede）を語るのは、誰でもない「ひと」（das Man）である（HF, 32）。

（7）フッサールの「超越論的主観性」の立場とハイデッガーの「事実性の解釈学」とが採用動機からして相容れないという点については、茅野良男『初期ハイデガーの哲学形成』東京大学出版会、一九七二年、三五三頁を参照。

（8）三宅は、「先駆」（Vorlaufen）を「前走」と訳した。

参考文献一覧

Acosta, E.: *Schiller versus Fichte: Schillers Begriff der Person in der Zeit und Fichtes Kategorie der Wechselbestimmung im Widerstreit*, Fichte-Studien, Supplementa, Vol. 27, 2011.

Beiser, F.: *Schiller as Philosopher: A Re-Examination*, Oxford University Press, 2008.

Breazeale, D.: *Against Art?: Fichte on Aesthetic Experience and Fine Art*, Journal of the Faculty of Letters, The University of Tokyo, Aesthetics, vol. 38, 2014, S. 25–42.

Eberhard, J. A.: *Über den Gott des Herrn Professor Fichte und den Götzen seiner Gegner: Eine ruhige Prüfung seiner Appellation an das Publikum in einigen Briefen*, 1799.

Fichte, J. G.: *Gesamtausgabe der Bayerischen Akademie der Wissenschaften*, Friedrich Frommann Verlag, 1962–2012.

Fichte, J. G.: *Aphorismen über Religion und Deismus*, 1790.

――――: *Versuch eines erklärenden Auszugs aus Kants Kritik der Urteilskraft*, 1790/91.

――――: *Versuch einer Kritik aller Offenbarung*, 1792.

――――: *Praktische Philosophie*, 1794.

――――: *Über Geist und Buchstab in der Philosophie*, 1794.

――――: *Über den Begriff der Wissenschaftslehre oder der sogenannten Philosophie*, 1794.

――――: *Einige Vorlesungen über die Bestimmung des Gelehrten*, 1794.

――――: *Grundlage der gesamten Wissenschaftslehre*, 1794/95.

――――: *Von der Sprachfähigkeit und dem Ursprung der Sprache*, 1795.

――――: *Erste Einleitung in die Wissenschaftslehre*, 1797.

――――: *Zweite Einleitung in die Wissenschaftslehre*, 1797.

――――: *Das System der Sittenlehre nach den Prinzipien der Wissenschaftslehre*, 1798.

――――: *Über den Grund unseres Glaubens an eine göttliche Weltregierung*, 1798.

――――: *Wissenschaftslehre nova method*, 1798/99.

———: *Fichte an Jacobi*, 1799.

———: *Appellation an das Publicum*, 1799.

———: *Rückerinnerungen, Antworten, Fragen*, 1799.

———: *Die Bestimmung des Menschen*, 1800.

———: *Die Wissenschaftslehre Zweiter Vortrag im Jahre 1804 vom 16. April bis 8. Juni*, PhB. 284, 1986.

———: *Über das Wesen des Gelehrten, und seine Erscheinungen im Gebiete der Freiheit*, 1805.

———: *Die Anweisung zum seligen Leben oder auch die Religionslehre*, 1806.

———: *Fünf Vorlesungen über die Bestimmung des Gelehrten*, 1811.

———: *Die Wissenschaftslehre*, Vorgetragen im Jahre 1812.

J. G. Fichte im Gespräch: Berichte der Zeitgenossen, hrsg. von Erich Fuchs in Zusammenarbeit mit Reinhard Lauth und Walter Schieche. Bd. 1, 1978, S. 272. Nr. 297. DAVID VEIT AN RAHEL LEVIN, Leibzig, 23. April 1795.

Forberg, F. K.: *Über die Entwicklung des Begriffs Religion*, 1798.

Gadamer, Hans-Georg: *Wahrheit und Methode - Grundzuge einer philosophischen Hermeneutik*, 1960. In: Gesammelte Werke, 6. Aufl. Bd, 1. 1990.

Gneisse, K.: *Schillers Lehre von der ästhetischen Wahrnehmung*, 1893.

Hammacher, Klaus: Jacobis Brief *»An Fichte« (1799)*. In: Jaeschke, Walter (ed.): *Transzendentalphilosophie und Spekulation: Der Streit um die Gestalt einer Ersten Philosophie (1799–1807)*, 1993, S. 72–84.

Hegel, G. W. F.: *Phänomenologie des Geistes*, 1807.

———: *Vorlesungen über die Philosophie der Weltgeschichte*, Berlin 1822/23.

Heidegger, M.: *Gesamtausgabe*, Frankfurt a. M., Vittorio Klostermann, 1975–

———: *Sein und Zeit*, Tübingen, Max Niemeyer Verlag, 1927, 17. Aufl., 1993.

———: *Ontologie (Hermeneutik der Faktizität)*, Gesamtausgabe Bd. 63, Frankfurt a. M., Vittorio Klostermann, 1982, 1995.

———: *Unterwegs zur Sprache*, Gesamtausgabe Bd. 12, Frankfurt a. M., Vittorio Klostermann, 1985.

——— : *Phänomenologische Interpretationen zu Aristoteles (Anzeige der hermeneutischen Situation)*, Dilthey Jahrbuch für Philosophie und Geschichte der Geisteswissenschaften, Bd. 6, 1989, S. 235–269.

———: *Phänomenologische Interpretationen ausgewählter Abhandlungen des Aristoteles zu Ontologie und Logik*, Gesamtausgabe Bd. 62, Frankfurt a. M., Vittorio Klostermann, 2005.

Heimsoeth, H.: *Fichte, Geschichte der Philosophie in Einzeldarstellungen*, Abt. 7. Die Philosophie der neueren Zeit I; Bd. 29, 1923.

Ivaldo, Marco: *Wissen und Leben. Vergewisserungen Fichtes im Anschluss an Jacobi*, In: Jaeschke, Walter / Sandkaulen, Birgit (Hrsg.): *Ein Wendepunkt der geistigen Bildung der Zeit. Friedrich Heinrich Jacobi und die klassische deutsche Philosophie.*, S. 53-71.

Jacobi, F. H.: *Über die Lehre des Spinoza in Briefen an den Herrn Moses Mendelssohn*, 1785/1789, PhB. 517, 2000.

———: *im Druck veröffentlichter Brief von Friedrich Heinrich Jacobi an Fichte vom 3. -21. 3. 1799.*

Kant, I.: *Kritik der reinen Vernunft*, 1781, 1787.

———: *Grundlegung zur Metaphysik der Sitten*, 1785.

———: *Kritik der praktischen Vernunft*, 1788.

———: *Kritik der Urteilskraft*, 1790.

———: *Metaphysik der Sitten*, 1797.

Leibniz, G. W.: *Lehr-Sätze über die Monadologie, ingleichen von Gott und seiner Existentz, seinen Eigenschafften und von der Seele des Menschen etc. wie auch Dessen letzte Vertheidigung seines Systematis Harmoniae praestabilitae wider die Einwürffe des Herrn Bayle*. Aus dem Französischen übersetzt von Heinrich Köhler. Meyers sel. Witwe Buchhandlung in Jena, Frankfurt und Leipzig, 1720.

Matuschek, S.: *Friedrich Schiller: Über die ästhetische Erziehung des Menschen in einer Reihe von Briefen*. (Suhrkamp Studienbibliothek, 16; Text und Kommentar), 2009, 2. Aufl., 2018.

Nietzsche Werke: *kritische Gesamtausgabe*, Walter de Gruyter, 1967–

Nietzsche, F.: *Wille zur macht*. Aus dem Nachlass der Achtzigerjahre.

Schillers Werke: begründet von Julius Petersen ; fortgeführt von Lieselotte Blumenthal und Benno von Wiese ; herausgegeben im Auftrag der Nationalen Forschungs- und Gedenkstätten der Klassischen Deutschen Literatur in Weimar (Goethe- und Schiller-Archiv) und des Schiller-Nationalmuseums in Marbach von Norbert Oellers und Siegfried Seidel, H. Böhlaus, Nationalausgabe.

Pott, Hans-Georg: *Die schöne Freiheit: eine Interpretation zu Schillers Schrift, Über die ästhetische Erziehung des Menschen in einer*

Reihe von Briefen, 1980.
Schiller, F.: *Versuch über den Zusammenhang der tierischen Natur des Menschen mit seiner geistigen*, 1780.
———: *Kallias oder über die Schönheit*, 1793.
———: *Über Anmuth und Würde*, 1793.
———: *Über die ästhetische Erziehung des Menschen*, 1795.
Staiger, E.: *Friedrich Schiller*, 1967.
Wernly, J.: *Prolegomena zu einem lexikon der ästhetisch-ethischen terminologie Friedrich Schillers*, 1909.
Zeller, Günter: *Fichte als Spinoza, Spinoza als Fichte. Jacobi über den Spinozismus der Wissenschaftslehre*. In: Jaeschke, Walter / Sandkaulen, Birgit (Hrsg.): *Ein Wendepunkt der geistigen Bildung der Zeit. Friedrich Heinrich Jacobi und die klassische deutsche Philosophie*. 2004, S. 37-52.

井藤元「シラー『美的書簡』における「遊戯衝動」――ゲーテ文学からの解明――」、『研究室紀要』第三三号（東京大学大学院教育学研究科教育学研究室）、二〇〇七年、八九―一〇〇頁。

――「『崇高論』によるシラー美的教育論再考――シラー美的教育論再構築への布石――」、『京都大学大学院教育学研究科紀要』第五五号、二〇〇九年、一七三―一八七頁。

内田浩明『カントの自我論』京都大学学術出版会、二〇〇五年。

大峯顯「知的直観と神秘主義」、上田閑照編『増補版・ドイツ神秘主義研究』創文社、一九八二年、五五九―六〇一頁。

金田民夫『シラーの芸術論』理想社、一九六八年。

茅野良男『初期ハイデガーの哲学形成』東京大学出版会、一九七二年。

久保陽一「「すべての実在性の根拠」としての「感情」――フィヒテにおけるカントとヤコービの総合――」、『フィヒテ研究』第一三号、日本フィヒテ協会、晃洋書房、二〇〇五年、七―二四頁。

――『ドイツ観念論とは何か――カント、フィヒテ、ヘルダーリンを中心として――』筑摩書房、二〇一二年。

隈元忠敬『フィヒテ『全知識学の基礎』の研究』溪水社、一九八六年。

――「書評：三宅剛一著（酒井潔・中川明博編）『ドイツ観念論に於ける人間存在の把握』」、『ヘーゲル學報』第七號、京都ヘーゲル讀書會、二〇二〇年、一一八―一二八頁。

小林日花里「シラー『優美と尊厳について』における道徳的動機づけに関する一考察：カント倫理学との対決を手がかりとして」、『倫理学』第三二号（筑波大学倫理学研究会）、二〇一六年、八五―九七頁。

酒井潔「三宅剛一」、『比較思想研究』第二三号、比較思想学会、北樹出版、一九九七年、二一―三一頁。

――「三宅剛一のフィヒテ講義」、『フィヒテ研究』第一六号、日本フィヒテ協会、晃洋書房、二〇〇八年、二〇―三六頁。

――「西田幾多郎と三宅剛一――『歴史』ということをめぐって――」、『西田哲学会年報』第五号、西田哲学会、二〇〇八年、二一―四三頁
佐々木達彦「フィヒテ初期道徳論における良心」、『倫理学研究』第四七号、関西倫理学会、晃洋書房、二〇一七年、一一二―一二三頁。

下村寅太郎『エッセ・ビオグラフィック』、『下村寅太郎著作集』第一三巻、みすず書房、一九九九年。

新開長英『独逸観念論と道徳哲学』理想社、一九六四年。

瀬戸一夫『無根拠への挑戦――フィヒテの自我哲学――』勁草書房、二〇〇一年。

橘智朗「存在の二重の現存在――フィヒテとヨハネ――」、『フィヒテ研究』第二五号、日本フィヒテ協会、晃洋書房、二〇一七年、六〇―七〇頁。

玉田龍太朗『フィヒテのイェーナ期哲学の研究』晃洋書房、二〇一四年。

――『三木清とフィヒテ』晃洋書房、二〇一七年
――「なぜフィヒテのイェーナ期哲学はヤコービにニヒリズムとみなされたのか」、『フィヒテ研究』第二五号、日本フィヒテ協会、晃洋書房、二〇一七年、七一―八五頁
――「三宅剛一の人間存在論とフィヒテの道徳衝動論」、『比較思想研究』第四八号、比較思想学会、北樹出版、二〇二二年、六八―七五頁。

田端信廣『ラインホルト哲学研究序説』萌書房、二〇一五年。

――『書評誌に見る批判哲学――初期ドイツ観念論の展相――』晃洋書房、二〇一九年。

――『哲学的思惟と詩的思惟のインターフェイス――フィヒテvsヘルダーリン、ノヴァーリス、Fr・シュレーゲル――』晃洋書房、二〇二二年。

内藤克彦『シラーの美的教育思想――その形成と展開の軌跡――』、一九九九年、三修社。

中川明才「無神論論争期における超越論哲学と宗教」、『フィヒテ研究』第一五号、日本フィヒテ協会、晃洋書房、二〇〇七年、六九―八二頁。

――――「フィヒテの実践哲学における『道徳的自然』」、『理想』第六九七号、理想社、二〇一六年、四三―五四頁。

――――「自我という思想――フィヒテの『道徳論の体系』における隠されたもの――」、『フィヒテ研究』第二五号、日本フィヒテ協会、晃洋書房、二〇一七年、一五―二八頁。

中川明博「三宅剛一差出・田辺元宛書簡」、『人文』第九号、学習院大学人文科学研究所、二〇一一年、七三―九六頁。

長町裕司「神的なるものの在り処についての〈非知的〉な意識？――F. H. Jacobiの『フィヒテ宛書簡（Sendschreiben an Fichte. 3. Bis 21. März 1799）』、及びこの書簡へのJ. G. Fichteの応答を起点とする超越論的思索の発展路線を巡って――」、『フィヒテ研究』第一八号、日本フィヒテ協会、晃洋書房、二〇一〇年、三九―五四頁。

中村美智太郎「シラーの調和的思考について――ガダマーの批判と美的思索のリアリティ――」、『倫理学年報』第五八集（日本倫理学会）、二〇〇九年、一七三―一八七頁。

子野日俊夫「初期フィヒテの美学思想」、『岡山県立大学デザイン学部紀要』第二巻第一号、一九九六年、一〇三―一〇八頁。

根無一信『ライプニッツの創世記――自発と依存の形而上学――』慶應義塾大学出版会、二〇一七年。

松山雄三「Fr・シラーと美的教養思想」、『東北薬科大学一般教育関係論集』第二九巻、二〇一五年、一―二八頁。

三宅剛一『ハイデッガーの哲学』弘文堂、一九四五年、一九七五年。

――――『人間存在論』勁草書房、一九六六年。

――――『道徳の哲学』岩波書店、一九六九年。

――――『芸術論の試み』岩波書店、一九七三年。

――――『学の形成と自然的世界』みすず書房、一九七三年。

――――（酒井潔編）『人間存在論の哲学』京都哲学撰書第二三巻、燈影舎、二〇〇二年。

――――（酒井潔・中川明博編）『ドイツ観念論に於ける人間存在の把握』学習院大学研究叢書三六、学習院大学、二〇〇六年。

美濃部仁「実在性の拠り所としての良心と良心を超える立場――一八〇〇年前後のフィヒテ――」、『理想』第六九七号、理想社、二〇一六年、五五―六七頁。

八幡さくら「シェリング芸術哲学における構想力――図式と象徴の関係から見たカントの変容――」、『哲学』第六七号（日本哲学会）、二〇一六年、二六二―二七六頁。

湯浅正彦「書評：三宅剛一著（酒井潔・中川明博編）『ドイツ観念論に於ける人間存在の把握』」、『フィヒテ研究』第一五号、日本フィヒテ協会、晃洋書房、二〇〇七年、一一九―一二五頁。

渡辺二郎「ヤコービのフィヒテ宛公開書簡」、『実存主義』第八〇号、一九七七年、二一—一七頁。

ヴェルンリ（馬上徳訳）『フリードリヒ・シラー美学＝倫理学用語事典序説』鳥影社、二〇〇七年。

シュタイガー（神代尚志・森良文・吉安光徳他訳）『フリードリヒ・シラー』白水社、一九九〇年。

シラー（草薙正夫訳）『美と芸術の理論——カリアス書簡——』岩波文庫、一九七四年。

——（小栗孝則訳）『人間の美的教育について』法政大学出版局、一九七二年。

——（石原達二訳）『シラー美学芸術論集』冨山房百科文庫、一九七七年。

——（浜田正秀訳）『美的教育』玉川大学出版局、一九八二年。

ニーチェ（原佑訳）『権力への意志』上・下、ニーチェ全集十二・十三、ちくま学芸文庫、一九九三年。

ハイデッガー（高田珠樹訳・解題）『アリストテレスの現象学的解釈——解釈学的状況の提示——』、『思想』第八一三号、岩波書店、一九九二年、四—四二頁。

ハマッハー（中島靖次訳）「ヤコービの「フィヒテ宛」書簡」、ヴァルター・イェシュケ編（高山守・藤田正勝監訳）『論争の哲学史』所収、理想社、二〇〇一年、一三五—一五八頁。

フィヒテ『フィヒテ全集』哲書房、一九九七—二〇一六年。

ヤコービ（田中光訳）「スピノザ書簡」、『モルフォロギア——ゲーテと自然科学——』第二〇、二二—二七、二九—三四号（ゲーテ自然科学の集い、ナカニシヤ出版）、一九九八、二〇〇〇—二〇〇五、二〇〇七—二〇一二年。

——『スピノザの学説に関する書簡』知泉書館、二〇一八年。

ルター「神はわがやぐら」（*Ein feste Burg ist unser Gott*）、一五二九年、『新聖歌』日本福音連盟新聖歌編集委員会（教文館）、二〇〇一年、四四六—四四七頁。

初出一覧

第一章 「なぜフィヒテのイェーナ期哲学はヤコービにニヒリズムとみなされたのか」
初出誌：『フィヒテ研究』第二五号（日本フィヒテ協会）、二〇一七年、七一―八五頁

第二章 「なぜフィヒテは無神論論争期に宗教的国民教育の着想に至ったのか」
初出誌：『フィヒテ研究』第二七号（日本フィヒテ協会）、二〇一九年、七三―八四頁

第三章 「シラーとフィヒテの衝動論の差異」
初出誌：『人間存在論』第二八号（京都大学大学院人間・環境学研究科『人間存在論』刊行会）、二〇二二年、一―一五頁

第四章 「三宅剛一の人間存在論とフィヒテの道徳衝動論」
初出誌：『比較思想研究』第四八号（比較思想学会）、二〇二二年、六八―七五頁

第五章 「三宅剛一によるフィヒテの『人間の使命』批判の意義」
初出誌：『比較思想研究』第四九号（比較思想学会）、二〇二三年、一二五―一三三頁

第六章 「無神論論争から神秘主義へ――三宅剛一のフィヒテ批判――」
初出誌：『人間存在論』第二九号（京都大学大学院人間・環境学研究科『人間存在論』刊行会）、二〇二三年、一―一二頁

第七章 「初期ハイデッガー哲学における解釈学の射程」
初出誌：『哲学』第七五集（広島哲学会）、二〇二三年、七五―九〇頁

あとがき

京都大学大学院人間・環境学研究科（以下、人環）在学時の私の指導教官は、修士課程・博士後期課程を通してヘーゲル研究・論理学研究の安井邦夫先生であり、博士学位論文の主査を務めてくださったのも安井先生であった。安井先生はドイツ観念論哲学や現代論理学を広く検証する立場から近現代のドイツ哲学や現代の英米分析哲学の研究領域にも通じていらっしゃり、これらの専門知について自己関係論ないし自己存在論の見地から広く且つ深く考究なさった哲学研究者である。

当時、京大人環にはドイツ哲学に限定するだけでも、安井先生に加えてハイデッガー研究の竹市明弘先生、カント研究の有福孝岳先生、現象学研究の小川侃先生、そして解釈学研究の四日谷敬子先生が教授陣として名を連ねていらっしゃり、文学研究科にもヘーゲル研究の加藤尚武先生、カント研究の福谷茂先生がいらっしゃって、京大の哲学研究は恰も我が国のドイツ哲学研究の牙城ともいうべき壮観を呈していた。

広島大学文学部に我が国のフィヒテ研究の泰斗であった隈元忠敬先生の御退官後に入学した私に、ドイツ観念論の研究に関心を抱かせるきっかけをくださったのは、当時広大に非常勤講師として教えにいらっしゃっていた現在は広島大学名誉教授の山内廣隆先生であった。学部一年時の山内先生の御指導による文献講読のテキストは、リヒャルト・クローナーの『カントからヘーゲルまで』であり、未だ邦訳書の刊行前であった。

当時の広大文学部には倫理学研究室に近藤良樹先生、越智貢先生がいらっしゃり、また総合科学部にまで足を運ぶと古東哲明先生、森秀樹先生もいらっしゃったので、ドイツ哲学の研究を広島の地で深めていくという選択肢もあった。しかし、哲学者・三木清の出身の旧制龍野中学を前身にもつ兵庫県立龍野高等学校を卒業している私には、京都の地への極めてつよい憧憬の思いがあって、大学院に進むに当たって、広島での生活を広島と西条それぞれ二年の四年だけで終えることにして、関西の地に戻ることとしたのである。

我が国においては哲学研究というと原典の文献講読を専らにするわけであるが、私は広大文学部の西洋哲学研究室において西川亮先生の御指導によるVorsokratiker や水田英實先生の御指導によるトマス・アクィナスの古典語原典講読の厳しき薫陶を受けていたこともあってか、京大人環進学後に受けた安井先生の御指導によるヘーゲルの『大論理学』や『精神現象学』、有福孝岳先生の御指導によるカントの『判断力批判』の独文原典講読、また冨田恭彦先生の御指導によるロックの『人間知性論』の英文原典講読にもなんとか耐え得ることができた。

コロナ禍前のことである。京都ヘーゲル讀書會の折に京都大学名誉教授の酒井修先生が「あなたの学問上の師匠は、いったい誰ですか」とお尋ねくださったことがある。そのとき私は以上の経緯を少し考えてから「京大の人環での指導教官はヘーゲル研究の安井邦夫先生でした。広大の文学部時代に山内廣隆先生からドイツ観念論研究のきっかけを頂戴しました」とお答えした。

私は広大出身のフィヒテ哲学の研究者であることから隈元門下と思われている節があり、たしかに私は隈元先生の孫弟子に当たるともいえないわけではないが、実際に私が隈元先生にお会いできたのはたった一度だけ（日本フィヒテ協会第二四回大会、於・広島大学、二〇〇八年）である。私は大阪大学名誉教授の大峯顯先生にお目にかかることができた機会もたった一度だけ（同第十七回大会、於・キャンパスプラザ京都、二〇〇一年）となったが、我が国のフィヒテ研究の泰斗である両先生との邂逅は、ハイデルベルクの地で三木清がリッケルトに抱いた感想の言を借りると、日本のフィヒテ研究の「伝統に接することのように思われて楽しかった」（『三木清全集』第一巻、岩波書店、四一四頁）ことを覚えている。

私は安井先生から特に修士論文の執筆時において、どのようにフィヒテ『全知識学の基礎』を読むかについて御教示を賜った。また博士後期課程に上がって人環の機関紙に執筆した拙論の査読の折には有福先生からも、フィヒテ哲学を「人間存在論」として解釈することの意義について御教示を賜った。それは京大人環の初代研究科長をお務めになった竹市先生や既に人環を御退職で私は結局お会いする機会のなかった磯江景孜先生の三宅剛一との師弟関係にまで及ぶ内容であり、これが私の命に刻み込まれているので、前任校の滝川第二中学校・高等学校に三宅正樹先生から研究依頼の御電話を頂戴した際に即座に「承知しました」とお答えするよう私を衝き動かしたのである。

安井先生の他にフィヒテ『全知識学の基礎』を御一緒に精読する機会を私にくださったのは、四日谷先生であった。それは京大人環の修士課程在学時のことで、四日谷先生は、恰も志の低い学生・院生を篩いにかけるかのように、創造行為論の授業を極めて厳粛な学問的空気の中で展開なさっていたので、ただ御一人の直弟子さん以外は皆が途中で音を上げてしまい、ほんの数回の授業のうちにすぐに来なくなってしまった。私は本書第七章の論文にあるように、広大当時以来ハイデッガーの解釈学に哲学的な方法上のつよい関心があり、四日谷先生の授業には是が非でも喰らいついていくつもりであったので最後まで残っていた。その私の姿勢をご覧くださり「では、あなたの御希望に沿う時間にしましょう」との御提案を四日谷先生から頂戴できて、結果ほぼ一対一で四日谷先生から自分の希望に沿った仕方でフィヒテの原典講読の手ほどきを享受することができたのである。

これまで私の公刊してきたフィヒテ哲学の諸研究が彼の実践哲学の根幹にある衝動論を中心にして独特の展開をみせてきたのも、この解釈学的な見地からの思索によるところが大きいかもしれない。このことを明示しておく意味でも、私の広大文学部の卒業論文は時宜を得て手直しして公表しておく必要があった。隈元先生の御研究を参照しながら、安井先生の御教示のもと修士課程進学以来書き残してきた初期フィヒテ知識学についての論文草稿のいくつかは、未整理の状態で公表されないままとなっている。これらについても、時間をつくって整理していきたいと考えている。

最後に今回の晃洋書房から出版に当たり、同社シリーズ「人間存在論叢書」に加えることを御推薦くださった帝京科学大学教授の内藤可夫先生、書名考案の際に御助言くださった学習院大学名誉教授の酒井潔先生、また前作、前々作同様、引き続き大変にお世話になった晃洋書房編集部の井上芳郎氏をはじめとする関係者の皆さまに衷心より感謝申し上げる。

令和五年一一月一八日　新宿にて

玉田　龍太朗

《著者紹介》
玉田　龍太朗（たまだ　りゅうたろう）
兵庫県揖保郡太子町出身
1992 年　兵庫県立龍野高等学校普通科卒業
1996 年　広島大学文学部哲学科（西洋哲学）卒業
1998 年　京都大学大学院人間・環境学研究科修士課程修了
2004 年　京都大学大学院人間・環境学研究科博士後期課程修了
2004 年　京都大学博士（人間・環境学）学位取得
2004 年　学校法人瀧川学園入職　滝川第二中学校・高等学校教諭を経て
現　在　滝川中学校・高等学校教諭

著書（学術書）
『フィヒテのイェーナ期哲学の研究』晃洋書房、2014 年
（日本フィヒテ協会研究奨励賞、2015 年）
『三木清とフィヒテ』晃洋書房、2017 年

人間存在論叢書
ニヒリズムと無神論論争
――フィヒテと三宅剛一――

2024 年 3 月10日　初版第 1 刷発行　　＊定価はカバーに表示してあります

著　者　玉　田　龍太朗©
発行者　萩　原　淳　平
印刷者　河　野　俊一郎

発行所　株式会社　晃　洋　書　房
〒615-0026　京都市右京区西院北矢掛町 7 番地
電話　075(312)0788 番(代)
振替口座　01040- 6 -32280

装丁　尾崎閑也　　印刷・製本　西濃印刷㈱
ISBN 978-4-7710-3810-3